Límites y berrinches

Límites y berrinches
Cómo manejarlos

·

Juan Pablo Arredondo

VERGARA
GRUPO ZETA

México DF · Barcelona · Bogotá · Buenos Aires · Caracas · Madrid · Montevideo · Quito · Santiago de Chile

Límites y berrinches

Primera edición, septiembre de 2010
Septima reimpresión, agosto 2014

D. R. © 2010, Juan Pablo Arredondo
D. R. © 2010, Ediciones B México, S. A. de C. V.
       Bradley 52, Anzures, DF-11590, México
       www.edicionesb.com.mx

ISBN: 978-607-480-112-5

Impreso en México | *Printed in Mexico*

A quienes han sido los motores en mi vida:
Mi esposa Sylvia y mis hijos
Juan Sebastián e Ivanna.
Gracias por su cariño, paciencia,
comprensión y apoyo.
Con todo mi amor.

PRÓLOGO

Cuando pienso en la educación que le damos a nuestros hijos, enseguida viene a mi mente la imagen de un invernadero, en donde somos testigos de cómo prospera algo nuevo en nuestros pequeños, cómo se comienza a mostrar lo que hemos sembrado: el amor, la autoestima, los frutos de la enseñanza y el desarrollo sano y armónico de una nueva generación que poco a poco comienza a brillar con luz propia.

Ser padres no es fácil, eso lo sabemos. Es una tarea que requiere cada vez de mayores retos y soluciones para lograr el bienestar de nuestros hijos. A diferencia de nuestros padres y abuelos, somos una generación de adultos que cuenta con la información necesaria para poder poner en práctica las recomendaciones de expertos sobre la educación de los hijos. Sé que muchos padres de familia desearían cursar una maestría para volverse especialistas en temas pedagógicos, pero sus ocupaciones no lo permiten. Hay que recordar que vivimos en un mundo acelerado y casi no tenemos tiempo para empaparnos del conocimiento que necesitamos para ser buenos padres. Por ese motivo, escuchamos la voz de expertos que nos guían sobre cómo hacer que nuestras semillas germinen de manera adecuada.

Juan Pablo Arredondo es uno de nuestros más queridos colaboradores. Conocí su trabajo cuando asistía como invitado al programa *Hoy* y *Vida tv* para participar en el segmento *Bbtips* que yo conducía. Tomando en cuenta la grata experiencia que tuvimos en la televisión, cuando se fundó *Bbmundo* (hace una década), Juan Pablo se incorporó a nuestro grupo de especialistas y desde entonces hemos contado con sus acertados y prácticos consejos sobre cómo establecer límites, reglas y estructura en casa.

En este libro encontrarán que cualquier problema (por difícil que parezca) relacionado con la conducta y el desarrollo emocional de sus hijos, tiene solución. Gracias a este atractivo, sencillo y eficaz método, he podido comprobar una vez más que Juan Pablo da en el blanco al ofrecernos las estrategias necesarias para desactivar un berrinche, cómo poder tener una mejor comunicación con nuestros hijos (ya sean niños o adolescentes) y, específicamente, cómo guiarlos hacia un desarrollo pleno que no vaya contra su integridad.

Me gusta la manera en que Juan Pablo habla de su experiencia como terapeuta en pacientes de todas las edades. Aquí podremos encontrar ejemplos cotidianos que tienen lugar en la escuela, la casa y casos específicos en los que el autor tuvo que identificar y ocuparse de los factores que entorpecen el desarrollo de la conducta infantil con innumerables familias.

Aquí están las herramientas, las bases necesarias para que el comportamiento de nuestros hijos sea el que deseamos lograr e inculcar. Éste es el momento de aprender y transformar actitudes. Ante nosotros está la posibilidad de modificar escenarios de conflicto en instantes de comunicación y respeto. Adiós a las lágrimas de los nenes y a los gritos de mamá: no más berrinches.

Gracias Juan Pablo por decirnos cómo educar felices a nuestros hijos.

Martha Debayle

CONTENIDO

AGRADECIMIENTOS

A lo largo de mi carrera profesional he tenido la maravillosa fortuna de que se cruzaran en mi camino personas sumamente especiales. Personas a las que les debo mucho de lo que soy, a quienes les guardo un profundo cariño y admiración.

Hay personas que han tocado mi vida y la han marcado para siempre, confiaron en mí cuando apenas empezaba este trayecto, creyeron en mí cuando a otros no les interesó hacerlo, inculcaron el amor que siento por esta profesión y me enseñaron la entrega, la responsabilidad, el compromiso y la vocación de servicio. Son personas que me compartieron su gran calidad humana, y su trato respetuoso y afable con los demás. Me brindaron su sabiduría y su elocuencia, el amor por el trabajo, la ética y el profesionalismo: fueron mi gran modelo a seguir.

Con todo mi cariño por ser las personas más importantes y significativas de mi desempeño profesional, agradezco a la Psic. Gabriela Sodupe, a la

Dra. Olga Gómez Roch, a Miss Olga Patricia Campomanes y a Miss Carmen Salazar, por su paciencia, su apoyo y por darme la oportunidad de conocer y aprender de ellas.

Agradezco de manera especial a mi Universidad Intercontinental, a mis maestros, a todas las personas que me enseñaron y apoyaron posteriormente en las diversas especialidades de mi preparación profesional.

Quiero también agradecer a todas las personas que han asistido a mis conferencias porque, al transmitirme sus inquietudes, han propiciado una fresca retroalimentación. A todos ellos gracias por confiar en un servidor y en este enfoque.

Agradezco a todos los que directa o indirectamente hicieron posible este libro. A Ediciones B por confiar en este proyecto y a mi editora, Mary Carmen Sánchez Ambriz, por todo su apoyo.

PRESENTACIÓN

Cada vez más los padres de familia encuentran mayores dificultades en el trato con sus hijos. El problema se repite en muchas familias, pareciera un mal de nuestro tiempo el hecho de que tanto a niños como a adolescentes resulta complejo educarlos. ¿Cuántas veces no han estado a punto de llevar al niño con un otorrinolaringólogo o con un audiómetra, porque sospechan que pudiera ser sordo o tener un problema auditivo, pues le hablan y parece que no escucha?
Muchos sabrán que no exagero cuando los padres piensan en ir o no con el niño al supermercado lo piensan dos veces, pues saben que corren el riesgo de librar una guerra en el pasillo de la tienda en caso de que decidan no llevar todo lo que el pequeño ha echado al carrito.
Frecuentemente los padres de familia comienzan a darse cuenta que sus hijos presentan ciertos problemas: no obedecen, tienden a ser retadores y rebeldes. Y qué decir de las tareas escolares, la hora de la co-

mida, el baño diario, los pleitos con los hermanos, los tiempos para ver televisión o jugar con videojuegos, la hora de dormir, recoger sus juguetes, aventar cosas cuando están enojados, no respetar las cosas de los demás o los turnos que les corresponden; además de insultar, pegar, pellizcar, morder, azotar puertas y contestar agresivamente, entre otras situaciones que comúnmente tienden a generar conflictos importantes tanto en la casa como en la escuela.

Esta realidad provoca que educar a los hijos se pueda convertir en un verdadero suplicio, cargado de agresión, enojo y frustración, no sólo para el adulto sino también para el propio niño.

De ahí surge la necesidad de elaborar un programa encaminado a resolver todos y cada uno de los problemas que se presentan cotidianamente. Una guía que a la vez sea comprensible y de fácil acceso para todos, que permita ser consultada de manera rápida, incluso en el momento en que surgen las dificultades.

Lo primordial es que, aun cuando sepan que esto le acontece a una gran cantidad de padres de familia, son ellos los que en última instancia pueden hacer algo al respecto. Lo que importa es saber qué se puede hacer para corregirlo.

La experiencia obtenida en más de 20 años de trabajo permanente con niños, adolescentes, adultos y padres de familia me orilló a considerar la necesidad de elaborar un programa que, de manera estructurada y funcional, permita a los padres de familia tener más y mejores herramientas para educar a sus hijos.

Se trata de un método de límites y reglas, efectivo, sencillo y práctico. Su efectividad radica en que disminuye las situaciones de conflicto y hace que la convivencia familiar sea más armónica. Está dirigido a padres de familia, maestros y a cualquier persona interesada en el manejo de límites que trabaje con niños y adolescentes.

Sin que se afecte la integridad física y emocional de los hijos, lo que se busca es evitar los escenarios comunes que suelen presentarse en situaciones de conflicto. Se trata de una herramienta útil que favorece una mejor convivencia y adaptación de los niños al entorno familiar, escolar, deportivo, social, mediante el manejo adecuado de límites. La base de esta metodología es educar a los hijos respetándolos como individuos.

Cabe resaltar que de ninguna manera se pretende considerar a este programa cómo algo único y definitivo, ni tampoco tomarlo de manera rígida y categórica. Es un instrumento válido que garantiza no sólo la mejor convivencia con nuestros hijos, sino también el desarrollo y crecimiento armónico en una vinculación con el entorno.

En el objetivo de este libro es dotar a los padres de familia de mayores y mejores herramientas para educar a sus hijos, que cuenten con una serie de consejos que les permitan enfrentar todas y cada una de las situaciones antes descritas, así como otras que no solamente a ustedes les suceden. Así se conocerá paso a paso el mecanismo a seguir para establecer y manejar los límites, reglas y estructura en casa.

Límites y berrinches fomenta la autoestima y seguridad, está fundamentado en el respeto y la integridad.

¿Por qué?, ¿para qué?, ¿qués? y ¿cómos?

Hace varios años, cuando comencé a trabajar con el tema de los límites, noté que lo planteado a los padres de familia funcionaba bien. Sin embargo, por alguna razón la efectividad no era permanente. Los padres de familia reportaban avances importantes en su implementación, pero gradualmente iba decreciendo tanto su efectividad, como el interés y la motivación que presentaban ante su aplicación. Encontraban beneficios y cambios significativos, más al principio que después. Sabía que algo faltaba; sin embargo, no tenía claro qué era. Después de cavilar, de seguir estudiando y consultando libros y artículos, tras continuar tomando cursos, tuve la fortuna de hallar la carencia del programa. Y lo que requería era entender y transmitir el *por qué* y *para qué*. De todo esto se trata la primera parte del libro.

En la segunda parte del libro (y del programa) se explica lo que he denominado los *qués*: qué van a hacer, qué tiene que considerar, qué deben tomar en cuenta, qué tienen que conocer y qué pasos van a seguir para que este programa resulte.

Y en la tercera parte del libro se aborda el *cómo*: cómo van a hacer para que funcione, cómo se va a implementar, cómo se van a modificar las conductas de los hijos, cómo se van a poner límites, reglas y estructura en casa.

Lo explicaré a través de un ejemplo: si proporciono una receta de cocina para un pastel y digo cuáles son los ingredientes que lleva, lo más probable es que diga cómo hacerlo. En la mayoría de los casos esto sería suficiente. Explico qué lleva (los *qués*) y cómo hacerlo (los *cómos*). De pronto indico que se deje reposar la masa por 10 minutos, antes de meterla al horno. ¿Qué pasaría si se tiene prisa y en lugar de diez minutos se deja siete o, por el contrario, se ponen a hacer otras cosas y en lugar de ese tiempo la dejan reposar trece? A ustedes francamente les da igual siete que diez o que trece, sobre todo si no saben *por qué* y *para qué* la tienen que dejar 10 minutos. Quizá resulte que dejándola 7 va a salir el pastel delgado como galleta o dejándola 13 quedará duro como piedra, o tal vez no suceda nada y quede más rico que cuando lo probamos. No lo sabemos. Lo cierto es que había alguna razón por la cual la receta decía 10 minutos. ¿Por qué? Probablemente por la fermentación de la masa, por el asentamiento de sus ingredientes, por la oxigenación que necesitaba, porque es el tiempo que quien inventó la receta se lleva en preparar el betún de encima. ¿Por qué diez minutos? Si se conoce esa razón, si se sabe por qué 10 minutos, es probable que no lo deje a mi consideración, sino que lo haga como ahí dice: porque se conoce el *por qué*.

Límites y berrinches
¿Por qué? y ¿Para qué?
¿Qués?
¿Cómos?

PRIMERA PARTE

¿POR QUÉ? ¿ PARA QUÉ?

Mucho se ha hablado sobre las causas que actualmente han llevado a una gran cantidad de padres de familia a vivir situaciones difíciles de manejar con sus hijos, mismas que van desde un simple enojo hasta un berrinche aderezado con agresividad por parte del menor.

Suele decirse que es porque ahora los niños están más despiertos, por la cantidad de información que reciben, por la apertura y relajación que prevalece en las escuelas, por los juegos de video o porque los padres son muy permisivos y no saben poner límites a sus hijos. Hay una y mil razones, todas válidas, que conducen a agudizar la problemática. No obstante, de poco sirven estas explicaciones que de pronto se acercan más a una serie de pretextos, que a una razón creíble y convincente en relación al tema de los niños y adolescentes.

No se pueden dejar de lado algunas consideraciones de esta índole, como tampoco negar que en la actualidad los niños están más despiertos que antes. Tal parece que las etapas de desarrollo se han acortado o que los niños pasan por ellas a una velocidad vertiginosa. Es un hecho que la cantidad de información que reciben es considerablemente mayor a la que antes se absorbía. Los medios electrónicos tienen una penetración en los hogares que antes era relativamente limitada; los noticiarios, telenovelas, programas de televisión, Internet, anuncios espectaculares son sólo algunas de los herramientas con los que actualmente cuentan los niños y jóvenes de ésta época.

Existen otros elementos que también están influyendo de manera determinante en el comportamiento de los hijos. Estos elementos acaso pueden parecer fuera del tema, en relación a lo que aquí se propone (un programa práctico, sencillo, pero sobre todo útil y eficiente). Sin embargo, es necesario tenerlos muy en cuenta, pues además de ubicarnos en un contexto, servirán de base indispensable para el manejo del programa. Considero que no mencionarlos implicaría un obstáculo en la implementación del método. De acuerdo con la experiencia y las consecuencias que se busca obtener, no es suficiente el *qué* y el *cómo,* sino que también el *por qué* y *para qué* añaden luz al conocimiento. En otras palabras, no resulta suficiente para los padres de familia identificar *qué* es lo que deben hacer y *cómo* deben hacerlo, sino que muchas veces requieren saber el *por qué*, de dónde proviene y, por supuesto, *para qué* adoptar este programa en su vida diaria.

Aquí es donde los antecedentes necesarios alcanzan su principal importancia. Estos elementos se dividen en cinco aspectos:

1. La circunstancia generacional
2. La cultura de la inmediatez
3. El principio del menor esfuerzo
4. El poder
5. Los motores de la conducta infantil

1. La circunstancia generacional

La mayoría de nosotros (de 30 años para adelante aproximadamente, o en algunos casos menos), provenimos de familias en donde la autoridad no se cuestionaba, no porque no quisiéramos sino porque estaba prohibido hacerlo. No estaba permitido que un niño se metiera en los asuntos de los grandes, tampoco se cruzaba por nuestra mente interrumpir una conversación o comportarnos inapropiadamente delante de las visitas.

No recuerdo que nuestros padres tuvieran que recursar con nosotros la primaria y la secundaria. De hecho, no puedo dejar de mencionar un viejo refrán que dice: "La letra con sangre entra", que era repetido en reiteradas ocasiones en esos tiempos.

En realidad no ha pasado mucho tiempo desde la época en que se nos controlaba con la mirada, sabíamos que un gesto o el rostro rígido de nuestros padres significaba que algo no estaba bien. Las cosas eran de esa manera y no cabía la posibilidad de no estar de acuerdo. En muchos casos se recurría al castigo aversivo (fina forma de llamarle a las nalgadas, manazos, pellizcos y jalones de patilla, entre otros). Las consecuencias (o castigos) muchas veces eran los regaños que recibíamos. Nos aterraba saber que algo que realizamos o que dejamos de hacer podría implicar un regaño. ¡Y cómo nos regañaban! No recuerdo a mi mamá pidiéndome por favorcito que obedeciera. Por más esfuerzos que hago, no puedo traer a mi mente alguna escena en la que mi padre me aumentara mi domingo a cambio de hacer la tarea o de levantarme para ir a la escuela. Mi casa, y la de muchos de mis amigos, no era una permanente zona de guerra en la que predominaban los gritos, las reiteraciones y el caos para que nos sentáramos a la mesa o nos metiéramos a bañar. Ni siquiera la hora de meternos a la casa (afortunadamente muchos de nosotros todavía pudimos jugar en la calle) era un problema; o te metías a la hora indicada, o no volvías a salir durante un lapso determinado.

Eran tiempos en los que la disciplina y la autoridad eran poco discutidas. Tiempos en los que una cita en la escuela con los padres podía implicar, sin conocimiento de causa por parte de ellos, la razón otorgada al maestro más intransigente o a la dirección de la escuela más injusta y estricta. Tiempos en donde el respeto hacia los adultos debía de estar por sobre todas las cosas.

De ninguna manera estoy dando por hecho que esté de acuerdo con estas situaciones. No es mi intención hacer creer que avalo este estilo dominante, rígido y autoritario. Tampoco estoy dando por hecho que todos hayamos vivido una situación similar, ni que en algunos casos esté consciente de ciertas exageraciones de mi parte. Estoy tratando de ubicarnos en un contexto que desde mi punto de vista ha influido de manera determinante en la situación que actualmente estamos viviendo.

Proporciono estos datos para poder llegar a lo siguiente: a la influencia que muchos de nosotros, de manera directa o indirecta, consciente o inconsciente, de la forma en la que fuimos educados.

¿Qué relevancia puede tener todo esto cuando estamos hablando del manejo de límites, reglas y estructura con nuestros hijos?

Al venir de familias rígidas y autoritarias, de un México diferente, de padres que a su vez vienen de padres cuyas familias eran todavía más rígidas y autoritarias, nos topamos con una influencia que no sólo nos determina, sino que adicionalmente plantea una importante y muy difícil disyuntiva: romper definitivamente con la tendencia, con los patrones y con los estilos recibidos, conocidos y en algunos casos odiados, o continuar educando bajo la misma línea que hoy se presenta. Dicho en otras palabras: adoptar el mismo estilo rígido y autoritario, u optamos por diferentes modos y estrategias en donde dejemos ser a nuestros hijos y tengamos como resultado el caos que hoy estamos viviendo. Francamente yo creo que ni una cosa ni la otra, por lo menos no de manera radical.

Ante la disyuntiva planteada es común que los padres no encuentren el camino correcto para educar a sus hijos y tengan miedo de perjudicar a sus pequeños al ser más firmes con ellos.

El autoritarismo y la rigidez vivida durante mucho tiempo por varias generaciones dieron como resultado una postura diferente y, en algunos de los casos, radicales. Derivó en una actitud permisiva adoptada consciente o inconscientemente por los adultos que ahora les toca ser padres de familia.

A finales de la década de los años 60 y principios de los 70, la época del rock&roll y los hippies, trajeron como consecuencia una apertura importante en la visión que se tenía de la autoridad, reglas, respeto y tolerancia. Fue un tiempo que no sólo trajo consigo una revolución en la moda sino también cambios en la educación y en la forma de tratar a los hijos; trajo una transformación en todos los niveles que modificó la visión a través de la cual los padres se vinculaban con sus hijos.

Esta visión (aplaudida por muchos y criticada por otros) provocó una desestabilización en los valores y en la forma de jerarquizarlos. Lo que en su momento era incuestionable e inimaginable (como por ejemplo: hablarle de tú a los adultos, rebatir una orden, interrumpir una conversación), hoy se ha convertido en una práctica sumamente común y hasta cierto punto normal.

Esta actitud sumamente relajada frente al comportamiento de nuestros hijos ha derivado en que niños y adolescentes puedan hacer lo que se les dé la gana. Ha traído consigo un mundo en donde lo importante es salirse con la suya, en donde confrontar y cuestionar a la autoridad se ha vuelto una práctica constante; un mundo regido y dominando por niños, en donde la cultura de la inmediatez y el principio del menor esfuerzo adquieren no sólo un mayor peso, sino adicionalmente un rasgo cada vez más característico de nuestros chicos y de las actuales generaciones de individuos.

Las preguntas obligadas son: ¿Es esto lo que realmente queremos?, ¿estamos seguros de que el camino que se ha trazado es el que queremos seguir?, ¿estamos dispuestos a vivir las consecuencias de esta nueva visión?, ¿la forma general de comportarse de nuestros hijos, de los amigos de nuestros hijos, de los compañeros de clase, de los primos, vecinos y hermanos, realmente nos agrada?, ¿estamos convencidos de haber estado haciendo lo deseable?, ¿estamos haciendo lo correcto?

Muchos padres de familia han perdido la brújula. *Ya no sabemos qué hacer, hemos intentado todo, se me sale de las manos, no puedo controlarlo, me saca de quicio, ya nadie lo aguanta, parece que lo hace a propósito, no me obedece lo que se dice nada, ya nos mandaron llamar del colegio, hace berrinche por todo, estamos desesperados, ya no lo aguantamos, estoy a punto de colgarlo,* son sólo algunas de las frases utilizadas por la mayoría de los padres con los que tengo contacto. Y ésta es la circunstancia generacional del tipo de niños con los que nos ha tocado vivir.

Antes los niños girábamos alrededor de los padres, hoy los padres giramos alrededor de nuestros hijos. Antes había que proteger a los niños de los padres tiranos, hoy tenemos que cuidar a los padres de los hijos tiranos.

Dicen que somos la única generación que ha existido que no mandamos a nadie. Antes nuestros padres al ser niños tenían que obedecer a sus padres, pero al crecer, iban a mandar a sus hijos e iban a ser obedecidos por ellos. A nosotros nos tocó obedecer a nuestros padres y, ahora, a nuestros hijos.

Esto que parece gracia o chiste, en realidad posee una implicación enorme. En teoría, el hombre moderno tiene una historia de más o menos 40,000 años. Nunca en la historia de la humanidad ha habido un deterioro de la sociedad tan grande como en los últimos 40 años. ¿A qué me refiero? Que en 40,000 años la sociedad no se ha descompuesto tanto como en los últimos 40 años. Muchos son los indicadores que lo comprueban. Ha habido un incremento considerable en los índices de depresión, drogadicción, alcoholismo, deserción escolar, divorcios, guerras, conflictos bélicos, pandillerismo, asesinatos, suicidios, abandono, maltrato infantil, violencia intrafamiliar, narcotráfico, tráfico de armas, violencia en las escuelas, anorexia, bulimia y obesidad, por mencionar algunos problemas sociales.

Pareciera que los padres se esfuerzan más por ser amigos de sus hijos, que en ser padres de sus hijos. Un padre o una madre que pretende ser amigo de su hijo, está renunciando a la responsabilidad de ser padre o madre de su hijo.

Así, este choque generacional ha provocado que nos rehusemos a educar a nuestros hijos de manera rígida y autoritaria, pero a la vez que los resultados obtenidos no otorguen constancia de que se está haciendo lo correcto.

2. La cultura de la inmediatez

¿Cuántos de nosotros podemos recordar un juguete, un estuche, una mochila, una prenda de vestir, un regalo o un objeto que era verdaderamente apreciado? No estoy hablando de cualquier cosa sino de eso que nos hacía vibrar; de eso que deseamos durante tanto tiempo y eso que luchamos por conseguir, eso que podía marcar la diferencia entre sentirnos tristes o felices y parecía quedar guardado eternamente en nuestro corazón de niño.

Ahora todo resulta prácticamente desechable. Lo que hoy desean los niños y jóvenes con todas sus fuerzas, el día de mañana no les llama la atención. La razón o la causa de un berrinche por salirse con la suya y obtener lo que desean, luego de un lapso (generalmente corto) ha dejado de ser tan importante para el niño. Así es la cultura de la inmediatez.

La modernidad y los adelantos tecnológicos han propiciado que los niños y jóvenes de ahora se rijan por la cultura de lo inmediato, en donde impera el hoy (hoy, hoy). No importa *después, luego, más tarde, al rato,* ya no digamos *mañana, la semana que entra* o *el mes que viene.* Tampoco lo quieren más tarde ni después, ni cuando lleguen a la casa, ni cuando el niño cumpla con alguna de las absurdas condiciones que le piden sus padres. Lo quiere ya, necesita que se lo den ya, inmediatamente.

Y esto, por supuesto, tiene una explicación que, dicho sea de paso, a todos nos ha afectado.

Recuerdan el tiempo que tenía que transcurrir para que llegara una información que venía del extranjero. Ya no digamos la información, pensemos en las imágenes de esa información. Hoy la tenemos inmediatamente, en vivo, de manera simultánea. ¿Cuánto tardaba una película para que se estrenara?, pasaban meses para que llegara a México, hoy existen estrenos simultáneos o con una semana de diferencia por cuestiones de mercadotecnia. Pensemos en algo más intrascendente: ¿qué había que hacer para calentar una taza de café con leche? Sacar el posillo, añadir leche, ponerla en la estufa, vigilarla para que no se derramara o se calentara en exceso, servirla, lavar lo que se usó. Hoy, con el microondas, esto lo hacemos en un minuto y medio, y se nos hace muy tardado. Al inicio de las computadoras nos parecía una maravilla tener acceso a todo lo que se podía hacer con ellas y decíamos que era rapidísimo. Hoy cambiamos una computadora porque ya es muy lenta y obsoleta. Es claro que los avances en la tecnología y el mundo tan industrializado han contribuido a fomentar la cultura de la inmediatez.

La implicación que esto ha generado, entre otras cosas, es que tanto niños como adolescentes se han vuelto cada vez más demandantes y, hasta cierto punto, exigentes: piden que lo deseado se les entregue inmediatamente. La postergación de la gratificación de dichas demandas es algo a lo que no están acostumbrados.

> La tolerancia a la frustración es la capacidad que los individuos deben desarrollar para aceptar que las cosas no siempre pueden ser como uno quiere, es un elemento primordial si intentamos comprender el fenómeno tanto de la inmediatez como de los límites.

Esta tolerancia a la frustración se refiere a esa posibilidad del individuo de funcionar adecuadamente en un mundo que no gira alrededor de él; en una sociedad que no puede (ni debe) permitir que siempre nos salgamos con la nuestra; una sociedad compleja y compuesta por otros individuos que merecen respeto y consideración; una sociedad en la que no podemos hacer lo que nos venga en gana.

Aclaro que no me estoy refiriendo a la frustración como la conocemos en el lenguaje coloquial adulto. No se trata de promover individuos amargados, infelices, acomplejados o fracasados, adjetivos comúnmente asociados con una persona frustrada. Tampoco me estoy refiriendo a la necesidad o al deseo de formar individuos mediocres y conformistas que no se esfuerzan por conseguir nada, pues con lo que tienen les basta. La tolerancia a la frustración nada tiene que ver con esto.

Me refiero a la capacidad para tolerar la frustración, para aceptarla, para entender que las cosas no siempre podrán ser como yo quiero, como yo deseo, como yo pienso. ¿Cuántas personas intolerantes conocen? Individuos que se encolerizan cuando un automóvil se les cierra, cuando hay más fila en el banco de la acostumbrada, cuando la temperatura de la comida no es la que les gusta, cuando la casa o los trastes no están lo suficientemente limpios. ¿Quién no conoce a un niño intolerante? Niños que no toleran un No como respuesta, que avientan la comida si no les gusta, que pegan porque están enojados o porque quieren el juguete que tiene otro niño, que hacen berrinche cuando quieren algo o cuando ese algo se les niega.

Recordemos una ida al supermercado con el pequeño: si los padres no estamos en la posibilidad de satisfacer su demanda, lo más probable es que responda con una rabieta y con ella logre que se nos suba el color. Es claro que el niño en ese momento tendría que tolerar la frustración y poco a poco deberá ir aprendiendo que las cosas no se le darán en el momento que lo exija.

Es necesario que cuando hablemos de tolerancia a la frustración, pensemos también en las reacciones que se presentan como respuesta a la situación frustrante; es decir, no basta tolerar y aceptar que las cosas no siempre sean como nosotros queremos, sino que adicionalmente debemos tener una respuesta relativamente adecuada. Está claro que a nadie le gusta esperar, que a nadie le gusta formarse en una larga fila del banco o que se nos cierre un pesero cuando vamos al volante. Así, la lista de situaciones frustrantes a las que nos enfrentamos día con día pudiera ser inmensa. Sin embargo, lo importante o lo adecuado o inadecuado no radica evidentemente en esto, sino más bien en la respuesta o en el tipo de respuesta que mostramos ante estas circunstancias. No creo que si nos tiramos al piso a hacer un berrinche en la oficina, el jefe nos dé permiso de salir temprano o nos aumente el sueldo. Tampoco creo que transitando por la calle y repitiendo hasta el cansancio (como nuestros hijos a veces lo hacen y sin cansarse): "no quiero tráfico, no quiero tráfico, no quiero tráfico..." o "ya quiero llegar, ya quiero llegar, ya quiero llegar..." haga que los coches desaparezcan y que nos teletransportemos al lugar adonde vamos. Sería muy poco sano bajarnos a pegarles a todos los conductores de los coches que se nos atraviesan cuando vamos manejando.

La tolerancia a la frustración requiere de aceptar las cosas cuando no resultan como queremos, teniendo respuestas apropiadas, adaptándose a la circunstancia. Lo cierto es que la tolerancia a la frustración puede y debe desarrollarse. Y se hará en la medida en que los adultos (en este caso los padres) lo lleven a cabo.

Mediante el conocimiento y respeto por las reglas, gracias al manejo de límites y de la postergación de la gratificación de sus demandas, el niño aprenderá a tolerar la frustración.

A un niño no debe dársele todo lo que desea o pide, aun cuando estemos en posibilidades de otorgárselo. De hacerlo desarrollará poco la capacidad para entender que el mundo funciona de manera diferente a lo que deseamos.

Para que un niño aprenda a tolerar la frustración, será necesario algunas veces negarle cosas, contraponer la realidad con el deseo de gratificar su demanda.

Pequeñas grandes dosis de frustración en los niños no solamente son deseables, sino necesarias.

La baja tolerancia a la frustración se convierte en uno de los principales elementos que favorecen la cultura de la inmediatez, cerrando así un círculo vicioso difícil de romper. En la medida en que a un niño o adolescente se le cumple la demanda de satisfacer sus necesidades de manera pronta y expedita, en esa misma medida se estará reforzando su conducta de continuar demandando. Y si esto sucede, muy probablemente estamos contribuyendo a que no sólo el nivel de demanda se incremente sino también su intolerancia. De ahí deriva la necesidad de querer siempre más, de pedir siempre más.

En los niños, el concepto de saciedad prácticamente no existe. Un niño puede haber acabado de comer y si le ofrecemos un dulce que le guste, lo tomará. Si le permitimos comer todos los dulces, golosinas y comida chatarra que quiera, lo hará sin parar. Puede haber estado jugando toda la tarde, o todo el día, y cuando se tiene que preparar para dormir, quiere seguir jugando. Si los dejamos desarreglar la casa, imaginen de lo que serían capaces.

Intenten hacer un ejercicio: destinen 24 horas del sábado y 18 horas del domingo para alguno de sus hijos pequeños. En todo este tiempo, sólo vivan para él. Estén con él, duerman con él, jueguen con él a lo que todo el tiempo quiera. No se separen ni un instante. Atiéndanlo, cómprenle lo que quiere, denle todo lo que les pida. A las 8:00 de la noche del domingo hagan una pausa. Háganle saber que el tiempo acabó, que están cansados, que ahora les toca a ustedes estar solos y dejen de atenderlo. ¿Cree que su niño amablemente les dé las gracias por el tiempo que pasaron con él y que tranquilamente se vaya a su habitación, o que quiera más, que les pida más y que demande más? Por absurdo que parezca el ejemplo, les puedo asegurar que lo segundo. Los niños no conocen el significado de la palabra saciedad.

Ahora podríamos preguntarnos si en esto existe alguna repercusión futura. Claro que la tiene. Imaginemos, por ejemplo, un adolescente de 14 años que presenta problemas académicos. Los padres o la escuela lo detecta. Tras una cita con el director o con el encargado del departamento de orientación, se enteran que el joven está deprimido o enojado por su situación familiar y que la forma de rebelarse o de llamar la atención es a través de la apatía académica. Les sugieren que visiten a un especialista. El terapeuta les dice que necesita ver al joven. El joven asiste, lo evalúan. Se planea un tratamiento con el muchacho, con quien se habla, diciéndole lo que sucede y que, con las sesiones que se tendrán, poco a poco se irá sintiendo mejor, lo cual generará que en la medida de que esto ocurra, su rendimiento académico también mejorará. El plazo marcado pudiera ser, pensemos, cuatro meses (no era un caso muy grave). El joven se siente mal por su situación y ya no quiere seguir sintiéndose así, por lo cual pondrá de su parte. En otro escenario, en la calle, en un antro, en la propia escuela o fuera de ella, alguien le dice al joven: "¡No seas tonto, tómate esto (pastilla, cápsula, polvo, o lo que sea) y en tres minutos te vas a sentir increíble!". Y, efectivamente, con eso se le olvidan sus problemas, se desenvuelve mejor, lo aceptan, se pone buena onda. Basándonos en este principio de la inmediatez, es muy probable que el adolescente opte por el segundo camino.

Ante este panorama, sólo queda un remedio: limitarles lo que normalmente no pueden (o no quieren) hacer por sí mismos. Son los padres quienes deben regularlos, para más adelante lograr una autorregulación; controlarlos para que posteriormente se autorregulen; limitarlos para que en un futuro se autolimiten. Enseñar a los hijos a postergar la gratificación de su demanda hará que se esfuercen y se comprometan (con perseverancia y esmero) a alcanzar sus metas y conservar por más tiempo sus motivaciones e intereses que de pronto parecen ser efímeros.

3. El principio del menor esfuerzo

Si lo hago, ¿qué me das?; ¿puedo nada más comerme las papas?; ¡hago este ejercicio y ¡ya!; nada más reprobé dos; ahora sólo me sacaron del salón una vez; si tengo que hacer eso para que me lo des, mejor no lo quiero. Éstas y muchas otras frases son empleadas con mucha regularidad por niños y jóvenes.

> El principio del menor esfuerzo se refiere básicamente a la postura adoptada por los individuos, en donde la premisa más importante es: conseguir lo más que se pueda, dando lo menos posible a cambio. Es pensar que con poco que se dé, es suficiente para obtener lo que se quiere.

No sólo remite a no hacer demasiado para conseguir lo que se desea, sino que involucra también elementos que tienen que ver con el esfuerzo que se imprime en lo que se hace, con la perseverancia por alcanzar metas y la responsabilidad de sacar adelante retos; implica no conformarse con la mediocridad, dar siempre más de lo que se espera de nosotros.

Esto hace la diferencia entre una persona y otra, entre quien tiene un poco más que otro, entre el exitoso y quien no lo es.

Los niños de ahora tienden a no conformarse con poco, sino más bien a hacer poco por lo que podría tenerlos conformes. Esto no es un juego de palabras, es una realidad. El esfuerzo mostrado en sus actividades, ejercicios, tareas escolares, labores domésticas, juegos y relaciones sociales deja mucho que desear. Prácticamente todo lo quieren hecho. Descubrir la magia que tiene alcanzar algo que se propusieron, la gratificación que se experimenta al lograr sortear un reto que parecía imposible o la satisfacción de saber que hicimos algo bien hecho por nuestros propios méritos, parece ya no representar una motivación lo suficientemente grande como para reforzar estas cualidades de perseverancia, entrega, compromiso, responsabilidad y esfuerzo.

Hablemos de la deserción escolar. Si no les gusta la escuela, la dejan. ¿Por qué creen que las escuelas que llevan un sistema educativo abierto han proliferado? Hay una idea y, por lo tanto, una asociación directa en los jóvenes de que estudiar la secundaria abierta es más fácil. Y cómo no va a ser así, si el compañero de escuela que se salió (o lo sacaron, corrieron, expulsaron) se la pasa fenomenal. Como un ejemplo, el joven que interrumpió voluntaria o involuntariamente sus estudios formales dentro de una institución y que tiene tiempo de sobra, generalmente no se debe de levantar temprano. Asiste a la escuela de vez en cuando. Aprende a su ritmo. No tiene tantas obligaciones o tareas y trabajos que entregar. Algunas veces se le ve temprano a la hora de la entrada de su ex escuela para ver a sus cuates y a la hora de la salida para convivir con ellos. En las tardes, como no tiene tarea, también puede estar con ellos o en la calle o en el parque. Si hay una salida extraescolar, no falta. Sin uniforme, sin tener que acatar las indicaciones de la institución ni del lugar que se visita, puede ir y venir a su antojo. Muchas de las veces con dinero en la bolsa, pues trabaja con el papá o con algún pariente. Y él está sacando su secundaria (claro, siempre y cuando de verdad la esté sacando) y en un tiempo más corto. ¿Para qué joven esto no resulta atractivo? No dudo que haya jóvenes a quienes este sistema les funcione a la perfección; jóvenes que terminan, y muy bien, la secundaria y probablemente la preparatoria y hasta la universidad en este esquema. Que quede claro que no estoy en contra de esta alternativa en la educación, no tengo nada con quien elige continuar sus estudios bajo este esquema. Sin embargo, por otro lado, es innegable que muchas de las veces, el principio del menor esfuerzo también se considera un factor determinante que explica la deserción escolar. Pongamos otro ejemplo.

Un niño de siete años quiere que se le compre un videojuego. El chico viene presentando algunos problemas de conducta en su escuela. Sus padres hacen un trato con él: "Mira, si te portas bien en la escuela y durante una semana no me dan queja de ti, el fin de semana te lo compro." Sin embargo, el pequeño se voltea y con toda la desfachatez que puede tener dice: "Ay, sabes que... ya no lo quiero. Si me vas a poner condiciones, mejor no lo quiero."

¿Y qué ocurre cuando un niño que ya se puede vestir solo sigue pidiéndole a su madre que lo asista? Esa es otra muestra del principio del menor esfuerzo.

4. El poder

¿Qué o quién decide la jerarquía de poder en una familia? Si nos remontamos a épocas anteriores, el poder estaba ejercido de otra manera: los padres eran los proveedores económicos y, al mismo tiempo, desarrollaban una paternidad autoritaria que sembraba miedo en sus hijos. En contraparte, en la figura de la madre recaía la responsabilidad de educarlos y guiarlos por un buen camino; además de darles afecto y amor, sentimientos que eran ajenos a la paternidad. Al padre se le respetaba, admiraba y, como se ha mencionado, hasta se le temía.

Por fortuna, la manera de desempeñar roles ha cambiado. La mujer desarrolla un papel cada vez más activo e importante dentro de la dinámica familiar. En la actualidad, la figura de autoridad recae en ambos padres, situación que conduce a pensar que no se considera actualmente tan recomendable que dicha figura de autoridad sea ejercida por uno solo de ellos.

El poder dentro del núcleo familiar debe estar identificado y depositado en ambas partes de la pareja.

Sin embargo, esto no siempre se da. Es muy frecuente encontrar familias en donde pueden suceder, contrarias a lo esperado, algunas de las siguientes situaciones con sus respectivas implicaciones:

> **I.** La figura de autoridad recae en uno solo de los padres.
> **II.** La figura de autoridad, en realidad no recae en ninguno de los dos padres y prevalece una ausencia de autoridad.
> **III.** La figura de autoridad se encuentra disuelta entre ambos padres, pero ejercida de manera incorrecta.
> **IV.** La figura de autoridad se encuentra disuelta entre ambos padres, ejercida con naturalidad y enfocada correctamente.
> **V.** El poder se encuentra depositado en alguno de los hijos o en todos.

Sobre este último punto me referiré a continuación.

Se sabe que uno de los motivadores a los que es más difícil renunciar es el poder. Suele ser atractivo, el poder otorga control sobre las cosas y sobre las personas, permite ejercer cierta influencia sobre lo que nos rodea, situación que se convierte muchas veces en un reforzador en sí mismo. Dominar el entorno genera una sensación de control que tiende a satisfacer las necesidades de esta índole que todos, en mayor o menor medida, poseemos.

Cuando en las familias existe una dificultad en el manejo de límites con sus hijos, lo que normalmente sucede es que los niños gradualmente van adquiriendo mayor poder sobre ésta.

Este poder, aunque no siempre entendido como tal, le permite al niño controlar las situaciones del entorno familiar, al grado que se convierte en algo realmente difícil de manejar. Son familias en las que cualquiera de los hijos, aún el más pequeño, toma simbólicamente la batuta de la gran orquesta familiar. Familias en las que gran parte del estado de ánimo, la tranquilidad o intranquilidad que se vive, la calma o el caos, la paz o el conflicto, depende en gran medida de los niños, de su comportamiento, de sus actitudes y de sus conductas.

Este tipo de familias otorga directa o indirectamente, consciente o inconscientemente a los pequeños un poder y una influencia sobre el resto de la familia, que no sólo es más difícil de quitar sino adicionalmente también más complicado de manejar.

Por ejemplo, imaginemos un partido de fútbol. Un enfrentamiento deportivo en donde si la pelota se encuentra la mayor parte del tiempo en la media cancha, será probablemente un partido parejo y equilibrado, cuyo marcador será seguramente 0-0 o 1-0. No obstante, en la medida que uno de los dos equipos se acerca a la portería del contrario, primero a su área grande y después a su área chica, la posibilidad de gol aumenta considerablemente. En esta analogía, el poder dentro de la familia se representa en la cancha. En la medida que permitimos que los hijos ronden la portería (es decir, la autoridad), la posibilidad de gol es mayor; lo cual implica que ante un error o un descuido puedan anotarnos. Por otra parte, en el gol representamos cualquier situación en donde el niño se salga con la suya, capte atención, nos saque de control o ejerza él dicho control. Esto se entiende muy bien si lo explicamos a través de una frase popular: "Se nos van trepando a la cabeza". El problema radica en que aun cuando aparentemente los niños van ganando (se salieron con la suya, nos hicieron enojar, consiguieron lo que querían, adquirieron más poder o control), en realidad ellos también van perdiendo. Van perdiendo en educación, formación, valores, reglas, límites, posibilidad de integración y adaptación al entorno. Por el contrario, si los padres permanecen la mayoría del tiempo (o mejor dicho, todo el tiempo) en su cacha y les anotamos gol (educándolos, marcándoles límites, reglas, enviando mensajes formativos, fomentando y reforzando valores, estimulando factores adaptativos e integrativos), aparentemente nosotros vamos ganando y ellos perdiendo. Sin embargo, la realidad no es así. Si nosotros vamos ganando, ellos también. Funcionarán mejor, se adaptarán mejor al medio, serán más aceptados y se integrarán mejor al entorno familiar, social, escolar, laboral.

Si el niño se porta bien, obedece y está tranquilo, el resto de la familia lo estará; podrá haber una buena relación entre ellos y las situaciones serán relativamente manejables. Por el contrario, si el niño decide portarse mal, hacer berrinche, desobedecer, mostrar actitudes incorrectas, agresivas o intolerantes, entonces la familia entra en conflicto; sus miembros se desesperan, se pelean, mamá o papá gritan o discuten, pierden el control, evitan asistir a determinados lugares por lo insoportable que resulta, o acuden a sabiendas de que será todo un caos el resultado.

En este tipo de familias, los niños son quienes controlan el entrono. Se convierten en unos verdaderos expertos al manejar las situaciones. Poco a poco van aprendiendo qué botón apretar para conseguir lo que desean; qué tienen que decir o hacer para hacer enojar a sus padres, o por el contrario, para desarmarlos ante sus encantos. Los niños aprenden a mover las piezas del ajedrez a su conveniencia.

No hay que olvidar que prácticamente por naturaleza los niños buscan salirse con la suya a través de casi cualquier medio, para evitar sensaciones desagradables y frustración.

El poder y el control deben ser ejercidos por los padres. Son ellos los que deben llevar la batuta dentro de la familia. Son ellos, los padres, los que representan la figura de autoridad. Que quede claro que no me estoy refiriendo al autoritarismo mencionado páginas atrás ni a esa postura en la cual los deseos, pensamientos y emociones de los niños no deben tomarse en cuenta. Me estoy refiriendo a la postura en la que parte de la labor a realizar por los padres consiste en ejercer su autoridad con responsabilidad, conciencia, con claridad y convicción; padres que asuman su autoridad de una manera decidida.

Y aquí nos topamos con uno de los problemas más frecuentes en nuestros días: la renuncia consciente o inconsciente que presentan algunos adultos a la autoridad y la responsabilidad de ser padres.

Actualmente los padres de familia parecen estar más preocupados por ser amigos de sus hijos, que en realidad en ser padres de sus hijos.

El dilema surge: esto es correcto o incorrecto. La diferencia estriba en una premisa hasta cierto punto lógica: no es lo mismo ser el amigo de un hijo, que ser un padre amigable. En el primer caso, al ser amigo de un hijo, forzosamente implica la renuncia a la autoridad y a la responsabilidad de educar, formar y de crear hábitos y moldear actitudes.

Un amigo no es precisamente el encargado de ayudar a prepararnos para la vida, un amigo se escoge con base en una serie de características afines. Con un amigo se comparte, intercambia, juega; es posible que pueda aportar algunos consejos, pero está entendido que puedes o no tomarlos en consideración. Un amigo apoya, te quiere, te considera, pero de ninguna manera es quien toma decisiones por uno; tampoco es el que siempre sabe lo que te conviene ni es quien educa, crea hábitos y moldea o enseña actitudes. Un amigo es un amigo, no un padre o una madre que se responsabiliza de ti. Por el contrario, un papá o una mamá amigable puede ser todo esto, pero adicionalmente asume la responsabilidad y la convicción de preparar a su hijo para la vida.

Un padre y una madre saben que a través del amor, apoyo, juego, convivencia, disciplina, límites y reglas, formarán individuos responsables, adaptados, independientes, felices y plenos.

El poder y la autoridad deben ser ejercidos por los padres. No es deseable que sean los hijos quienes los cultiven. Los niños deben aprender que son los padres los que mandan, los que deciden entre lo que está bien y no; lo que se permitirá o no dentro del hogar; lo que se hará y lo que no se hará porque no se puede, no se quiere o no se cree conveniente.

La familia debe fungir como una pequeña sociedad donde se representan las situaciones cotidianas y se aprende la forma en que debemos conducirnos afuera, en el entorno, en la sociedad misma. Existen varias pruebas de esto, acaso la más representativa pudiera ser el enfrentamiento y la dificultad que implica para muchas familias en las cuales existe un problema en el manejo de límites. Familias en donde no parecen tener mayores conflictos, pero que también se topan con una serie de dificultades importantes; por ejemplo, cuando los niños asisten a sus escuelas, a las reuniones familiares y sociales, al deportivo o a cualquier otro lugar fuera del ámbito familiar. Estas familias en las cuales los padres por desconocimiento, buena fe o por el amor que les tienen a sus hijos, han tenido un manejo no siempre tan adecuado a las situaciones que se les presentan.

> Antes, los hijos girábamos alrededor de los padres. Ellos decían y decidían qué, cómo, cuándo, dónde, con quién, en qué momento. Hoy, en muchas familias, los padres giramos alrededor de los hijos. Ellos dicen y deciden qué, cómo, cuándo, dónde, en qué momento. ¡Compañeros padres de familia: hemos cedido el control!

Antes teníamos que proteger a los niños de los padres tiránicos... ahora tenemos que cuidar y proteger a los padres de los hijos tiránicos.

No obstante, lo verdaderamente importante en este asunto no es que los padres lleguen a esta situación de manejo inadecuado o de mal entendimiento de la distribución del poder o el control propositivamente sino que, muchas veces, no saben qué hacer para no otorgar el poder a los hijos o para retomarlo en caso de ya haberlo cedido.

5. Los motores de la conducta infantil

Como podrán haberse percatado, resulta prácticamente imposible comenzar a hablar de un programa de *Límites y berrinches* sin abordar los antecedentes que se han mencionado. Para muchos podrán resultar irrelevantes, pero en realidad se convierten en elementos imprescindibles si queremos entender y educar de manera más adecuada a nuestros hijos.

Es importante mencionar que existe un quinto elemento que será necesario tomar en cuenta y reconocer para poder entrar de lleno al programa en sí mismo: los motores de la conducta infantil.

Sé de antemano que la explicación que a continuación se dará, para muchos puede resultar simple; sin embargo, para los fines que se persiguen, se considera bastante clara e ilustrativa.

Existen cuatro motores principales que llevan a los niños a actuar de tal o cual manera. Son los principales motivadores de su conducta que rigen en gran e importante medida sus actitudes y comportamientos:

a) El amor

Se refiere a los vínculos afectivos que naturalmente emanan del padre o la madre hacia su hijo y, por supuesto, del vínculo que se establece entre el hijo y sus padres. Es el cariño que se funda entre ellos y que es determinante en la conducta de los niños. Ellos no sólo nos aman, sino que también reciben de nosotros ese amor que forma una parte fundamental en sus vidas. En función de ese amor, los niños no sólo crean lazos afectivos, sino que también cubren una serie de necesidades vitales para su desarrollo; necesidades que van más allá de lo material, físico y biológico y que están directamente relacionadas con el afecto, apoyo, dependencia, reconocimiento, aceptación y confianza. El amor, en sí mismo, es un gran reforzador de conductas y actitudes; también lo es para inhibir o bloquear el desarrollo de comportamientos. El amor es el aliciente más grande que nuestros hijos pueden recibir o, por el contrario, la limitante más indeseable que podemos presentarles.

¿Por qué un niño obedece? ¿Por qué un niño responde a las demandas y expectativas que depositamos en ellos? En términos sencillos, simple y llanamente porque nos quieren. Porque ese vínculo que nos une a ellos es tan importante, que los lleva a querer cubrir las expectativas, los deseos y las instrucciones que provienen de nosotros. Obedecen y responden por el miedo que experimentan ante la sola posibilidad de perder el cariño y la atención que les brindamos. El amor los mueve, empuja, motiva; el amor los limita, detiene, educa.

Al ser incondicional, el amor juega un papel sumamente significativo en la educación de los niños, ya que regularmente está por arriba de todas las cosas. Los niños siempre desearán nuestro amor; siempre responderán a él; siempre esperarán que se lo brindemos e incluso, en el peor de los casos, se conformarán con lo que les toque. No querrán perderlo, harán, lo necesario para mantenerlo.

El amor de un padre o una madre hacia su hijo es incondicional. Muchos niños lo saben y lo sienten, situación que los lleva, algunas veces, a abusar. El cariño que se les tiene los conduce a aprovecharse de la situación y adoptar conductas no siempre apropiadas. Los padres movidos por el cariño y amor incondicional permiten a sus hijos mostrar comportamientos inadecuados. En este caso, el amor se convierte en un reforzador de conductas indeseables pues, protegidos con la bandera del amor, los niños crecen en un medio en donde se permite lo que regularmente no se debe hacer. Así los padres caen en la tan temida, e incluso repudiada, clasificación de sobreprotectores.

La sobreprotección es el cariño extremo que se siente por los niños, llevado a lo disfuncional. Un extremo en el que primero aparece el amor sobre el manejo de límites, educación y hábitos; un extremo en el que se tolera que los niños hagan lo que no se les debe de permitir.

Pero la sobreprotección no se queda únicamente ahí, tiene otras implicaciones y repercusiones negativas. Promueve a individuos con una baja tolerancia a la frustración, con poca capacidad para aceptar que las cosas no son como ellos quisieran, con una visión egocéntrica; individuos dependientes, con limitadas habilidades sociales, poco capaces de respetar a la autoridad y reglas socialmente aceptadas.

No me refiero a que no haya que amar a los niños profundamente. Estoy haciendo una aclaración básica entre el amor profundo e incondicional que los padres sienten por sus hijos y la sobreprotección. No es lo mismo. En el primer caso, el amor apoya, contribuye, refuerza, motiva, ayuda; en el otro, obstaculiza, impide, limita, tergiversa. El amor no es sinónimo de desobediencia, de permitir hacer lo que les venga en gana, de carencia de límites y estructura. El amor enseña, forma, cubre necesidades de afecto, apoyo y cariño, enmarcados en el respeto, tolerancia, normas, reglas familiares y sociales.

No se debe educar sobre la premisa de que todo lo justifica el amor a los hijos.

Detrás de la sobreprotección existe, muchas veces, una gran agresión, Pues con esta sobreprotección los padres limitamos, obstaculizamos o retrasamos el proceso de desarrollo emocional de nuestros hijos. Los volvemos dependientes de nosotros e inseguros.

Es necesario recordar que la sobreprotección encubre una gran necesidad del adulto de sentirse útil, eficiente e imprescindible. El niño no necesita ser o sentirse sobreprotegido.

El niño necesita desarrollar su potencial, sus habilidades que lo lleven a ser un individuo autónomo; capaz de valerse por sí mismo, de crecer física y emocionalmente separado de los padres.

Hace unos años (no muchos), el que dijeran que éramos sobre protectores, tenía una connotación incluso agradable y satisfactoria; implicaba que se trataba de un padre o de una madre muy al pendiente de sus hijos. Una mamá o un papá muy atento y al cuidado permanente de lo que le ocurriera a su hijo. Dicho en otros términos, un papá o una mamá gallina. Y ubiquemos cómo se decía esto: "Yo soy mamá gallina". La referencia que tenía era implícita y hasta se decía con orgullo.

Hoy la connotación que adquiere es diferente. A mi consultorio llegan mamás y papás, muchas veces molestos porque alguien les dijo que sobreprotegían a su hijo. Se rehúsan a reconocer y aceptar que son sobreprotectores. Ya no es agradable la implicación, pues se sabe, cuando menos en parte, de las terribles consecuencias que puede traer la sobreprotección.

Es precisamente por ese amor, que es necesario educar con el ejemplo, bajo reglas muy claras y límites perfectamente establecidos. Debemos preparar a nuestros hijos para la vida y es precisamente con base en esto que debemos hacerlo.

b) La atención

Uno de los motores de la conducta más importantes de los niños y adolescentes es la atención que reciben (o desean recibir) de sus padres. La atención es considerada por ellos como un motivador fundamental de sus conductas, actitudes y comportamientos. Sin embargo, los niños no saben discriminar entre atención positiva y atención negativa. Si un niño requiere atención busca conseguirla, no importando el precio que tenga que pagar. Desgraciadamente, al no saber discriminar entre la atención positiva y la atención negativa, buscará conseguirla a como dé lugar.

Un niño siempre buscará traer la atención, aunque sea negativa, antes que no tenerla.

¿Quién creen que normalmente reciba más atención? ¿Un niño que se porta bien, o un niño que se porta mal? Sé que podrá haber excepciones, sé que existen y sé que alguno de ustedes responderá que los que se portan bien. Quien más atención suele recibir es aquel niño que se porta mal.

Cuando un niño se porta mal, tiene comportamientos inapropiados o indeseables, los padres suelen volcarse textualmente sobre él. Lo regañan, le llaman la atención, algunas veces incluso recurren a los golpes e inevitablemente se presenta la impotencia, enojo y furia transformada en ira. Si los padres focalizan su atención sobre su hijo cuando se les presentan este tipo de situaciones, regularmente dicha atención va acompañada de una gran carga afectiva.

> La carga afectiva son el grupo de emociones que acompañan a una situación que evidentemente puede ser deseable, adecuada, positiva; o, por el contrario, indeseable, inadecuada, negativa y conflictiva. La alegría, felicidad, emoción, afecto y orgullo son algunos ejemplos de la carga afectiva positiva. Los gritos, gestos, ademanes, manotazos, enojo, desesperación, ira, frustración, impotencia, hartazgo, malestar o molestia son ejemplos de carga afectiva negativa.

Esta carga afectiva se convierte en una gran energía impregnada en el comportamiento de los niños. No obstante, por extraño que parezca, la carga afectiva negativa suele ser más intensa.

Hagan un pequeño ejercicio. Imaginen una situación en la cual su hijo o hija los haya hecho enojar. Una situación en la que verdaderamente perdieron el control o estuvieron a un punto de que eso ocurriera. Ahora, supongamos que toda esa energía (carga afectiva) la vamos a medir con un aparato que acabamos de inventar llamado energenómetro, el cual mide la intensidad de energía depositada en esa situación. Su graduación abarca una puntuación del cero al cien. La tarea consiste en calificar cuál sería la puntuación que se le daría a ese enojo, frustración o molestia. Al recodar el último berrinche que hizo el niño, ¿cuántos puntos marcaría el aparato?

Si hubo sinceridad en este ejercicio, es probable que no solamente se hubiera alcanzado la máxima puntuación. Esto es la carga afectiva.

Frases como: *Caramba, ¿cuántas veces te he dicho que no hagas esto o lo otro?..., te he repetido mil veces que tal cosa..., me tienes harto por esto o por aquello..., no sé que tengo que hacer para que entiendas quién sabe qué...,* dicho con enojo, gritos o desesperación, surten un efecto de carga afectiva muy importante.

¿Qué pasa si los padres no acostumbran gritar, enojarse ni desesperarse? Seguramente habrá comportamientos de los niños que no les agradan. Conductas que no aprueban, que les molestan o que quisieran cambiar. Actitudes que son inapropiadas o incorrectas, de acuerdo al entorno familiar y lo socialmente aceptado. En esos casos, la gesticulación, ademanes, rostro y actitud corporal es suficiente para que vayan acompañados de una importante carga afectiva.

Ahora va la contraparte. Imaginen una situación en la cual su hijo o hija hicieron algo que les agradó. Algo que les gustó mucho y que les hizo experimentar una de esas sensaciones o emociones placenteras, plenas, de mucho gozo y entusiasmo. Una circunstancia por la que verdaderamente se sintieron felices, orgullosos. ¡Remóntense!, ¡ubíquenla!, ¡revivánla! Ahora, con la explicación que se ha dado hasta esta parte del libro, piensen cuánta carga afectiva positiva depositaron. Reflexionen cuál fue su actitud, expresión, palabras, entusiasmo y alegría.

Toda esta reacción y toda esta energía mídanla con el energenómetro. ¿Qué calificación se pondrían?, ¿cuánto le asignarían en la escala del cero al cien? Hay dos opciones: una, que supongan que esa cantidad evaluada en lo positivo sea igual o superior a la alcanzada en la situación negativa que se imaginaron antes. Y dos, que se percaten de que la magnitud obtenida en la situación positiva es menor que en la conflictiva. Realmente creo que la opción dos aplica en la mayoría de los casos.

En reiteradas ocasiones he hecho este experimento con los padres de familia con los que, a través de la consulta o a través de los cursos y las conferencias, desde mi punto de vista, no dejan la menor duda de lo que digo.

Estarán de acuerdo que no puede ser igual o tener la misma connotación cuando salen de la boca de papá o mamá frases como: *¡Carajo, me tienes hasta el gorro!, ¡estoy harto de ti!, ¡con un caramba, te he dicho que* recojas tus cosas!, ¡te estoy hablando, nunca me haces caso!, ¿por qué no me obedeces, qué estás sordo o qué?, ¡haz la tarea, ya, ahorita, te dije que ahorita!, ¡métete a bañar!, ¿que por qué te grito?, ¡pues porque no me haces caso! Ahora las positivas: ¿cómo tendrían que demostrar su júbilo para que la situación fuera equitativa? Acaso con exclamaciones como: ¡bravo, qué bárbaro, qué maravilloso hiciste esto!, ¡Siquitibún a la bin bon ba, a la bio, a la bao..., ¡Wow, vengan a ver cómo Ludovico (así se llama mi niño imaginario y ejemplificado) recogió sus cosas! Con sólo imaginarlo, y más aun al representarlo, solemos sentirnos ridículos si tratamos de hacerlo con la misma intensidad.

El problema surge evidentemente cuando los niños, poco a poco, van aprendiendo que muchas de las conductas, comportamientos y actitudes negativas o indeseables captan más atención que los comportamientos positivos. Se percatan de que en reiteradas ocasiones, mientras más mal se portan, más atención y carga afectiva o emocional reciben de los adultos, situación que se convierte en un reforzador negativo de la conducta.

En este sentido, vale la pena replantear nuevamente la pregunta: ¿quién recibe generalmente más atención, los niños que se portan bien o los niños que se portan mal? Algunos padres suelen responder que los niños que se portan bien. Sin embargo, esto resulta ser muy cuestionable, debido a que la mayoría de los conflictos familiares, los problemas de pareja, las citas en las escuelas, las consultas con especialistas y la adquisición de algunos libros y materiales, tienen su origen en experiencias vividas con los comportamientos inapropiados de los niños y los adolescentes.

En este tipo de situaciones, normalmente se hace lo contrario a lo que se debería hacer. Cuando un niño se porta mal, los padres se enfocan en él. No sólo centran toda su atención en ese mal sino que, adicionalmente, depositan una gran carga afectiva. Y, por el contrario, siendo honestos: ¿qué hacen los padres cuando los niños se portan bien o cuando están teniendo comportamientos deseables? No hacen nada. Aprovechan el tiempo para hacer otras cosas, como leer, lavar, planchar, ver televisión, hablar por teléfono, dormir, hacer cualquier cosa menos estar con ellos.

No está demás comentar que la carga afectiva negativa es tan intensa, tan recurrente y tan reforzadora de las conductas inapropiadas, que resulta muy difícil compensarla con carga afectiva positiva. Si a través del ejercicio mencionado anteriormente (del energenómetro) entendieron que la intensidad de la carga afectiva negativa es mucho más fuerte y poderosa que la positiva, entonces la pregunta obligada tendría que ser: ¿cómo compensar la carga afectiva negativa, con la más débil y esporádica carga afectiva positiva? De eso se hablará más adelante, cuando se llegue a la parte que corresponde a los *cómos*.

$$NO = Berrinche$$
$$+ \, Atención \; negativa$$
$$+ \, Carga \; emocional$$
$$= Más \; berrinche = \mathbf{Caos}$$

c) La necesidad de salirse con la suya

Los niños casi siempre quieren que las cosas sean como ellos desean. En primera instancia, esto pudiera no parecer tan malo ni tan grave, si pensamos en un niño que no se deja vencer al primer obstáculo; un niño perseverante que sabe lo que quiere y lucha por conseguirlo; que pese a la negativa de los adultos dejará de tener deseos, aspiraciones y expectativas que busca satisfacer. A este respecto, no sólo no podríamos hablar de condiciones y características negativas, sino incluso hasta deseables.

Sin embargo, todo esto tiene también otra connotación muy importante: el hecho de que sencillamente en la realidad no siempre es posible.

¿Cómo poder satisfacer todas las necesidades, deseos y demandas de un niño?, ¿cómo lograr que nuestro hijo siempre se salga con la suya?, ¿es deseable que esto suceda? ¿queremos niños que piensen o sientan que las cosas son (o debieran ser) como ellos ambicionan que fueran?

Tenemos que entender que ante este esquema, la búsqueda de la gratificación de las demandas del niño estará presente permanentemente. Tratará, por todos los medios que estén a su alcance, de conseguir lo que quiere, aunque esto sea eludir la situación de conflicto. ¿A qué me refiero? A que muchas de las veces los niños y jóvenes adoptan conductas inapropiadas para evitar realizar lo que por principio deberían hacer. Recurren a la confrontación, la rebeldía, el oposicionismo, el enojo o la intolerancia para evitar hacer algo que no quieren hacer. Por ejemplo, un buen berrinche conseguiría evitar que recogiera sus juguetes. Ser enojón, impulsivo e intolerante, tranquilamente podría implicar que no le digan o no le exijan que haga lo que debe hacer, pues es sabido que su respuesta será enojarse con sabidas consecuencias.

Aquí vale la pena recordar algo que se trató en el tercer antecedente: la tolerancia a la frustración. Recordemos que la tolerancia a la frustración se refiere a la capacidad para soportar que las cosas no siempre sean como uno quiere. Esto resulta, evidentemente, cuando hablamos de la necesidad de los niños de salirse con la suya. De hecho, es también una tendencia de los adultos, pero que en mayor o menor medida hemos tenido que aprender a tolerar.

Si el niño busca salirse con la suya, a través de cualquier medio, lógicamente tratará de evitar la frustración. Hay niños que recurren a los berrinches, al enojo, al llanto, a los gritos, a azotar puertas, a insistir una y otra vez, a rogar, a suplicar.

Pero también hay niños y jóvenes que lo pedirán por las buenas, que dirán frases como: *mamita linda, ¿me puedes comprar ese juguete? Papito, ¿me puedes llevar al parque por favor?* No obstante, también hay quienes recurren a actitudes más sutiles, como por ejemplo: *es que tú no me quieres..., a mí no me das nada..., nunca me compras nada..., tú siempre le haces o le das a mi hermano y a mí no..., ¿por qué me tocó vivir en esta familia?, me quiero morir, he deseado estar muerto para ver si así estás feliz sin mí...* (Hago una pequeña aclaración antes de continuar. Por regla general en psicología, nunca hay que echar en saco roto un comentario como estos últimos). Sin embargo, todos estos manejos sutiles evidentemente traen consigo un contenido sumamente manipulador.

Vale la pena mencionar que muchas veces tenemos una falsa creencia respecto a lo que es salirse con la suya. ¿Su hijo siempre se sale con la suya?, ¿su querubín siempre obtiene lo que quiere? Me anticipo a responder que sí, siempre se sale con la suya.

Existen cuatro maneras de salirse con la suya por parte de niños y jóvenes:

- *Obtener lo que quiere.*
- *Evitar hacer lo que no quiere.*
- *Ganar terreno.*
- *Captar atención, aunque sea acompañada de una carga emocional negativa.*

Piensen en cualquier situación en la que su hijo desea algo; es probable que no lo obtenga porque están decididos a no dárselo (por la razón que sea). El niño, en primera instancia, va a entender esto: "No siempre voy a obtener lo que quiero." Y luego viene su reacción porque ya entendió que no va a salirse con la suya, entonces recurre a todo lo que está a su alcance para evitar hacer lo que no quiere. ¿Qué significa esto? Que utilizará pretextos, justificaciones, llanto, berrinche, discutirá, alegará, repelará, dirá que quiere ir al baño, exclamará que tiene sed, que le duele el estómago, que se siente mal, tiene hambre, está mareado, se siente triste para evitar hacer lo que no quiere hacer. Y, claro está, que si lo consigue se habrá salido con la suya.

> Otra modalidad consiste en que si el niño ya entendió que no siempre puede obtener lo que quiere, y probablemente ya comprendió que no puede evitar lo que no quiere, entonces intentará ganar terreno. Dicho en palabras coloquiales, intentará treparsenos a la cabeza, subírsenos a las barbas; es decir, tomarnos la medida.

Los niños frecuentemente recurren a esta estrategia para probar a los padres, para ver cómo reaccionan y tomarles la medida. Hacerlo es una forma sutil de salirse con la suya. Quizá la traducción de esa actitud podría ser: "No voy a hacer lo que yo quiera, no voy a evitar lo que no quiero, sé que tengo que hacer lo que tú me dices y probablemente no lo haré cuando yo quiera, pero tampoco cuando tú quieres". Así, poco a poco, nos van ganando terreno. Por ejemplo, si la instrucción es *recoge tus juguetes*, la respuesta es *espérame tantito, al ratito, sí, pero ayúdame, es que yo no los tiré, no quiero, tú recógelos, ahorita que acabe mi programa.* Puede ser que termine levantándolos, pero no será cuando sus padres se lo indicaron sino cuando a él se le antoje. Es otra forma de salirse con la suya.

Si se piensa que el niño ya entendió que no siempre puede obtener lo que quiere y si suponemos que no le está tomando la medida a sus padres, hay que reflexionar necesariamente que captó demasiada atención. Y si además se molestaron, enojaron, desesperaron o los hartó, entonces no sólo captó su atención, sino que adicionalmente lo hizo con una gran carga afectiva que, de acuerdo con los motores de la conducta infantil, es el segundo elemento más relevante. Dicho de otra forma, a través de la atención que pudo haber captado, se salió con la suya. Los niños no pierden de ninguna forma. Insisto: ¿su hijo siempre se sale con la suya? Me parece que desde este esquema, la respuesta es afirmativa.

Uno de los principales deseos del niño es atraer atención y su comportamiento inapropiado capta demasiada. La mayoría de los comportamientos son estimulados directa o indirectamente por los padres.

Por otro lado, retomando el asunto de la tolerancia a la frustración, debemos decir que desafortunadamente hay elementos que hacen más compleja ésta. Puede haber dos tipos de respuesta: una tranquila, ecuánime, proporcional, controlada, verbalizada, adecuada; y a la inversa, su reacción es impulsiva, desproporcionada, agresiva, berrinchuda, caprichosa o descontrolada. Esto marca una diferencia abismal.

Imaginen la mezcla que se genera en un niño (o en un adulto) que tiene una baja tolerancia a la frustración y que simultáneamente presenta respuestas muy inapropiadas cuando algo no resulta como él quiere. Obviamente, el resultado es una bomba de tiempo en nuestras manos. Lo explico de la siguiente manera: ¿a cuántas cosas se les ocurre que se enfrentan diariamente que no resultan como quisieran? Piénsenlo, a 20, 50 o 100. Desde que amanece y suena el despertador, no nos queremos levantar. Luego nos ponemos de malas si el calentador no está encendido y no hay agua caliente; después hacemos otra mueca si no hay lo que nos gusta para desayunar; toca el turno a los niños y es un verdadero drama sentarlos a la mesa y ver que coman de buen modo; sigue el acelere para llegar al trabajo, se nos hace tarde, la junta ya comenzó y no podemos salir de un terrible atascón en el Periférico. Si a todas estas situaciones frustrantes se le da una respuesta agresiva, impulsiva, descontrolada, berrinchuda, caprichosa o desproporcionada, estaríamos expuestos a explotar en cualquier momento.

Esto es exactamente lo que ocurre con nuestros hijos. Enfrentarse permanentemente a situaciones frustrantes es algo de todos los días, y las respuestas ante estas situaciones caóticas por consiguiente también ocurren todos los días, en todos los momentos.

Si tenemos un niño con baja tolerancia a la frustración y con respuestas poco deseables ante dichas situaciones, lo que se desencadena es una bomba de tiempo. Los padres de los hijos con estas características reportan una tensión permanente, por no saber en qué momento la situación se va a salir de control.

Conviene recordar que este tipo de problemas inician casi siempre con un NO. Un NO a algo que el niño quiere, un NO que representa que las cosas no son ni serán como el niño desea. Esa es la mecha que se enciende y que puede desembocar en una explosión, si es que no se hace algo al respecto.

Como se mencionó anteriormente, la tolerancia a la frustración sólo puede ser estimulada a través de la frustración.

¿Cómo un niño va a aprender que las cosas no siempre van a ser como él quiere, si las cosas siempre son como él quiere? Pequeñas grandes dosis de frustración en los niños no solamente son deseables, sino incluso necesarias.

Sin embargo, ¿cómo se pueden trabajar respuestas o reacciones de nuestros hijos ante situaciones frustrantes?, ¿cómo es posible lograr que esas explosiones que presenta sean más tranquilas y adecuadas? A través de la contención. Contener significa poner una barrera que rodea el espacio de lo permisible.

Piensen en un corral que en el centro tiene un caballo. El potrillo cuenta con cierta libertad de movimiento, pero dentro de los límites que marca la cerca del corral; logrará moverse, trotar, correr, incluso libremente dentro de ese espacio. No obstante, la cerca que delimita el corral será el tope hasta donde podrá llegar. Ahora imaginen que este potrillo tiene las mismas características de su hijo. Si su pequeño es tranquilo, obediente, noble, bien portado, dócil, entendido y manejable, así sería su caballo. Si, por el contrario, el niño es impulsivo, agresivo, intolerante, mal portado y rebelde, así será su potrillo.

Supongamos que ese caballo se altera fuertemente si escucha el sonido de un balazo al aire, saldrá corriendo y en algún momento se topará con la cerca del corral. Eso es la contención.

Para dramatizar, piensen que la puerta del corral está abierta. Si el potrillo se comporta tranquilamente, aun con la puerta abierta, es probable que se mantenga dentro de los límites establecidos, pues ahí se siente cómodo y tiene todas sus necesidades satisfechas. Sin embargo, si se encuentra enojado, lo más probable es que intente salir y se aleje.

Imaginen ahora que la puerta del corral está cerrada, pero los troncos que la conforman son endebles. Estando tranquilo y en paz, aún con la cerca endeble puede ser suficiente para contenerlo debido a que no hará ningún intento por derribarla. No obstante, en el caso de que el caballo golpee con la misma fuerza que trae por el susto o por el enojo, tirará la cerca con la misma inercia que lleva, haciendo que se salga del corral. Así es la contención. Es la cerca que instalamos alrededor de nuestros hijos la que delimita lo que está y no está permitido.

Si a pesar de tener la barda alrededor de ellos dejamos la puerta abierta, si la altura de nuestra contención no es lo suficientemente alta o si nuestra valla no es fuerte, los niños se salen, la brincan o la rompen. Por tal motivo, debemos tener una cerca sólida, firme, elevada y cerrada para no permitir que se salgan. Insisto, esto es la contención.

Quizá algunos padres se preguntarán, ¿cómo saber qué es correcto limitarles y qué no? Es simple. Lo único que tienen que hacer es voltear a su alrededor y ver cómo funciona el mundo. Supongo que ustedes no avientan la comida al suelo en un restaurante cuando no les gusta el platillo, como tampoco creo que se tiren en el piso cuando hay una fila larga en un banco. Y si su jefe les pide que hagan tal o cual cosa, y no quieren realizarla porque les da flojera, estoy convencido que no lo mandan a freír espárragos, simplemente (acaso muy a su pesar) lo hacen y ya. Todas esas reacciones que no son congruentes con lo que ustedes como padres no harían, tampoco deben permitírselo a sus hijos.

Si lo correcto, lo socialmente aceptado es la prudencia, paciencia, tolerancia, buenas maneras, educación, saber esperar, pedir las cosas, así como adaptarse e integrarse, entre otras actitudes, es lo que tendrían que fomentar en sus hijos.

Por otro lado, el segundo cuestionamiento que suelen hacer los papás cuando se habla de contención, es: "Ahora sí ya entendí la contención, que es lo que debo y no debo permitir... incluso ya comprendí que, para definir lo que es correcto y lo que no, sólo tengo que mirar a mi alrededor y ver lo que es socialmente correcto... esto ya lo entendí... pero mi pregunta ahora es en este sentido... ¿cómo hago para logar esto?, ¿cómo hago para contener a mi hijo, para lograr que haga lo que pretendo y para que deje de hacer lo que no está permitido?, ¿cómo lo hago?, ¿cómo? Eso lo explicaré más adelante, cuando hablemos de las estrategias específicas para la modificación de conductas.

Los niños carecen de sistemas de autocontrol y será a través de la contención externa, que ellos poco a poco irán generándolos. Esto suelo representarlo a través de un freno de mano interno, freno que tenemos que utilizar cuando estamos a punto de perder el control. Como se mencionaba antes, este mecanismo no es innato; no lo traen los niños. Es mediante el freno externo (lo que se le permite y lo que no se le permite) que con el paso del tiempo irá identificando y moderando las respuestas que presenta ante las situaciones que experimenta. Así, podrá ir teniendo cada vez más respuestas apropiadas, socialmente aceptadas, proporcionadas y verbalizadas, sobre las que son impulsivas y descontroladas.

Es tan importante este recurso, que lo ejemplifico de otra forma. En muchas escuelas existe la tendencia cada vez mayor a evaluar cualitativamente, más que cuantitativamente. Es decir, evaluar cada vez más a través de la descripción de conductas y actitudes, más que con ayuda de una calificación. Dichas escuelas comienzan a reportar hacia los padres la adquisición de ciertas herramientas de comportamiento. Por ejemplo, mediante caritas felices, caritas serias o caritas tristes. O mediante frases como: adquirido, en proceso de adquisición y no adquirido. Es frecuente encontrar que dentro de los aspectos a evaluar se observan descripciones como: *El niño se autocontrola, el niño puede controlar sus emociones, el niño se logra controlar, utiliza mecanismos autoregulatorios.* Y lo llevan a cabo de esta manera: con carita feliz (ya adquirido), con carita seria (en proceso de adquisición) o carita triste (no adquirido o no consolidado). Esto sirve como parámetro para dimensionar la importancia que estos mecanismos tienen en los niños.

d) El enojo

Cabe señalar que el enojo se refiere a la reacción presentada por los padres, más que al enojo experimentado por el niño. Cuando los niños tienen un comportamiento inapropiado o indeseable, generan en los adultos una serie de respuestas que muchas veces vienen acompañadas de una gran carga afectiva. Dicha carga exhibe una amplia variedad de formas y trae como contenido principal el enfado.

Propongo otro ejercicio. Imaginen que por decreto presidencial se les asigna a ustedes una persona, hombre o mujer, que mide 2 o 3 veces lo que ustedes. La misión de su guardaespaldas-educador es que los acompañe, proteja, guíe y enseñe todo el tiempo. Se trata de un individuo que los querrá mucho, que siempre estará pendiente de ustedes. Entre las funciones de este superhombre o supermujer se tiene contemplado que les indique lo que deben hacer, cuándo lo tienen que hacer y cómo lo deben hacer. Les avisará cuando se les haga tarde, los llevará al baño, verá que se metan a bañar, que desayunen y les dará una instrucción para cada movimiento que hagan. Claro, les hará ver sus errores, constantemente dirá: *No estás bien peinado, siéntate bien, agarra bien los cubiertos, no comas con la boca abierta, no te debes enojar por esto y por aquello, no estás atendiendo a tu esposa e hijos como debieras, no debes de comer esto, no veas ese programa de televisión porque no es bueno, aliméntate sanamente, no fumes, no tomes; no ingieras tanto café, haz ejercicio.*

¿Cuánto tiempo creen que lo podrían aguantar?, ¿cuánto tiempo tolerarán que ese individuo, con el inmenso cariño que les tiene, esté a su lado? Esto es exactamente lo que hacemos con nuestros hijos. Prácticamente estamos todo el día sobre ellos. Estamos acompañándolos, protegiéndolos, guiándolos y enseñándoles.

Esto suele generar enojo en nuestros hijos, por extraño que parezca. Lo que sucede es que la posibilidad de manifestar su enojo es muy limitada, pues no nos pueden correr del puesto como padres y tampoco tienen la posibilidad de alejarse y dejarnos de hablar. Esta molestia, esta frustración tienden a manifestarla a través de un recurso a su alcance: hacernos enojar. Al sacarnos de quicio, en cierta medida, ellos se desquitan de todo lo que, desde su punto de vista, les hacemos.

> Entendiendo las cosas de esta manera, no resulta extraño suponer que cuando los niños desean obtener algo, aun cuando no lo consigan directamente, si la reacción de los padres es de enojo, desesperación, golpes, gritos o amenazas, de manera indirecta están obteniendo lo que quieren, aunque esto sólo sea hacerlos enojar.

Dicho en otras palabras más ilustrativas: imaginen que una niña de 2 años quiere que le compren un dulce. Si se lo compran, están evitando un conflicto inmediato y resulta claro que no siempre se le podrá complacer. Por el contrario, de no comprárselo reaccionará haciendo berrinche. Su reacción probablemente provocará molestia en los padres. Aunque no consiguió el dulce, finalmente sí hizo enojar a sus padres y se salió con la suya porque, indirectamente, se reforzaron los tres principales motores de la conducta infantil: atención, salirse con la suya y el enojo.

Debemos recordar que el enojo es una reacción válida. El problema no radica en el enojo mismo sino en la manifestación que se haga de esa molestia. El enojo, al igual que otros sentimientos, nos hace sentir mal. Por supuesto que podemos experimentarlo y expresarlo. Lo que no está permitido es actuarlo.

Con los niños es necesario recordar que una cosa es que estén molestos, enojados y frustrados (en el sentido de no haber podido hacer lo que querían), y otra muy distinta es que hagan un berrinche, se tiren al piso, nos agredan, avienten cosas, azoten puertas, entre otras reacciones violentas.

El problema no está en el qué (que podría ser el enojo), sino en el cómo. Con el cómo le van a dar salida a ese sentimiento. Y, por supuesto, hay maneras más adecuadas (o acertadas) que otras.

¿Quién, si no ustedes como padres, serán los encargados de moldear las actitudes de sus hijos?, ¿quién será el responsable de enseñarles maneras deseables de comportarse?, ¿en qué momento y, a través de qué aprenderán a comportarse y a reaccionar acertadamente? Son los padres quienes deben enseñárselos, cotidiana, permanentemente.

Nadie dijo que fuera fácil ser papá o mamá.

El enojo se vale sentirlo, es permitido y hasta deseable expresarlo. Lo que no es válido es actuarlo.

SEGUNDA PARTE

QUÉS

¿Qué son los límites?

El concepto de límites es un término que normalmente lo tienen claro los padres de familia. No hay muchas maneras de entender un límite sin pensar que es una raya que divide algo, un hasta dónde, un señalamiento frecuentemente asociado a una regla o convenio.

Según una definición conceptual sacada del diccionario que comúnmente tenemos en casa: "un límite es un fin extremo o un punto máximo al que se puede llegar algo".

Una definición más completa y relacionada con el tema de nuestros hijos es la que se refiere a la acción de establecer de manera consciente, anticipada y clara las situaciones, actitudes, conductas o comportamientos que serán o no admitidos dentro del hogar, determinando el punto máximo que se permitirá (tolerará), así como las consecuencias que se aplicarán una vez transgredidos los límites; tendrán como finalidad última evitar en la medida de lo posible las situaciones de conflicto.

En primera instancia, se habla de establecer y se refiere a que como padres de familia debemos identificar y reconocer cuáles son las actitudes, conductas y comportamientos que están generando conflicto: aquellas situaciones que de pronto se presentan y que, en alguna medida, nos incomodan, irritan o que sencillamente queremos modificar en nuestros hijos.

¿Quién debe establecer los límites? ¿Los niños? ¿La sociedad? ¿Los abuelos? ¿Los padres de familia? Por supuesto que éstos últimos. Una de las grandes bondades del programa *Límites y berrinches* es que cuenta con un enfoque personalizado; es decir, se crea en la medida de cada familia para cada uno de sus hijos. De esta manera, los padres de familia deberán definir y establecer lo que está permitido hacer y no hacer en el hogar.

El concepto de límites menciona el término consciente. Para entender este concepto, es necesario revisar un poco la historia. Existen dos elementos que entran en juego cuando se educa a los hijos: la manera en que fuimos educados y cómo fue educada nuestra pareja.

Sobre la manera en que fuimos educados habría que reflexionar en varios puntos. Estas vivencias, buenas o malas, generalmente son la guía indirecta que señalan la trayectoria en la tarea de formar y educar. Claro está, que estos modelos algunas veces los seguimos consciente y propositivamente porque estamos de acuerdo con ellos, nos gustaron y creemos que son correctos. Parecería la fórmula ideal. Sin embargo, por lo regular hay elementos de nuestra propia educación que no nos gustaron, con los que no estamos de acuerdo o cuyos resultados en nosotros mismos no deseamos para nuestros hijos.

A nuestra carga de memoria de cómo nos educaron, le sumamos la experiencia de nuestra pareja: la manera en que fue educada, sus respectivas historias, aciertos, errores, matizados en todos los casos por la subjetividad. Es probable que ciertas parejas hayan platicado este asunto, incluso desde el noviazgo, de la forma en que iban a educar a sus hijos; no obstante, la mayoría le otorga poca importancia al tema y se sorprenden por los problemas que se generan a partir de sus diferencias. En ocasiones, esas diferencias son tan marcadas que parecen irreconciliables. Con frecuencia asisten a mi consultorio parejas con estilos de educar disímiles y noto que la educación de los hijos se convierte en una guerra de poder (que si uno consciente, el otro no; que se educa en el amor, la comunicación y el afecto, o si se educa a través del autoritarismo y la intransigencia; que se les permite a los niños comer lo que quieran, o si se les insiste en una alimentación sana; que si debe saludar cuando llegue a un lugar o que si no quiere no lo haga). Para muestra basta un botón:

En una ocasión llegó a mi consultorio una pareja que verdaderamente estaba a punto del divorcio porque para el papá era una falta gravísima andar descalzos en la casa; cuando francamente a la mamá no la inquietaba que sus hijos anduvieran sin zapatos.

Por otro lado, habría que mencionar que tendemos a educar por ensayo y error. Dicho de otra manera, es un proceso en donde constantemente estamos probando lo que nos sirve y lo que no; retomamos en la medida de lo posible la fórmula funcional y desechamos lo que finalmente creemos que no funciona. Este esquema, por demás utilizado, puede tener implicaciones positivas, además de que nos va marcando el camino a seguir en la formación de los niños y jóvenes. Pero, ¿es válido educar a nuestros hijos a través del ensayo y error?, ¿no podemos pensar que existan directrices más específicas que nos ayuden a utilizar recursos un poco más confiables para garantizar un resultado menos incierto? Por supuesto que sí.

Educar por medio del ensayo y error tiene, entre otras cosas, un riesgo inminente: las fallas significativas. Recordemos el antecedente mencionado páginas atrás, en la cultura de la inmediatez. Es claro que no sólo nuestros hijos son víctimas de la cultura de la inmediatez, nosotros también. Cuántas veces no ocurre que una estrategia que de manera inmediata nos funciona, no es precisamente la recomendada a largo plazo. Por ejemplo, si Ludovico tuviera dos años, y desea algo, un juguete, un dulce o que lo carguemos; evitaremos a corto plazo un problema, un berrinche o un llanto, dándole el objeto que quiere o haciendo lo que nos pide. Sin embargo, esta estrategia que nos sirve en ese momento, evidentemente no será lo mejor a largo plazo. Dicho de otra manera, el educar a través del ensayo y error, puede ayudarnos a solventar pequeños aprietos pero que, a la larga, se irán convirtiendo en grandes problemas.

Es preferible lidiar con nuestros hijos pequeñas batallas para evitar grandes guerras.

Por otro lado, al referirnos a establecer de manera consciente las situaciones, actitudes, conductas o comportamientos que serán o no admitidos dentro del hogar, no podemos dejar de pensar en una herramienta sumamente relevante que va ligada y que necesariamente debe estar bien planteada: nuestro propósito. Resulta muy difícil llevar a cabo una tarea, cualquiera que sea, si no tenemos claro y definido qué es lo que se pretende lograr. No sólo debemos cuestionarnos cuál es la razón que justifica dicha tarea y hacia donde nos dirigimos, sino adicionalmente qué es lo que esperamos obtener. Por eso, en la medida que tenemos identificado claramente el *¿por qué?* y el *¿para qué?* de una tarea o proceder, en esa misma medida estaremos en la posibilidad de alcanzar los objetivos.

No podemos dejar la formación y la educación de nuestros hijos al azar, al ensayo y error, a factores inconscientes o a que sea reforzada por el tipo de educación que recibimos.

> **¿Qué elementos hay que tomar en cuenta al establecer límites?**
>
> - *La manera en que fuimos educados nosotros y nuestra pareja*
> - *Los riesgos de educar a través del ensayo y el error*
> - *La necesidad de estar consciente de lo que se va a establecer*

Vayamos a otro ejemplo. ¿Qué tiene de malo que un niño de dos años o más duerma en la cama de sus padres? Podrían obtenerse varias respuestas. Habrá quienes piensen que es más cómodo, pues se quitan de encima el problema de mandarlo a su respectiva cama. Otros pensarán que aun cuando no los deje dormir como quisieran, es grato verlo dormir; o que es enternecedor verlo despertarse y saber que lo tienen a la vista y a la mano en ese momento. Para otros padres les acomodará la idea porque así el niño se duerme más rápido y con menos dramas, además de que si todavía toman biberón resulta más práctico tenerlo junto y dárselo inmediatamente. También pensarán que si está enfermo sólo así tienen la posibilidad de supervisarlo por si algo le sucede. Y así podrían seguir las justificaciones para que el niño duerma con sus papás. El problema radica en la implementación misma, con o sin el conocimiento que los padres tengan de esa acción.

Para quienes pensaron que habría que seguir apapachando al niño y continuar que siga durmiendo en la cama de sus padres, proporciono una lista de inconvenientes:

- *El niño no está respetando la geografía familiar que se refiere a la distribución y privacidad por los espacios físicos. ¿Cómo podemos decirle a un niño que respete el espacio de los demás, si desde pequeño no le enseñamos a respetar el nuestro?*
- *El niño que duerme en la cama de sus padres tiende a mostrarse dependiente e inseguro*
- *Los padres tienen menos relaciones sexuales que antes, debido a que el pequeño está interfiriendo la relación de ellos y esto provoca que la relación se vaya enfriando cada vez más*
- *El dormir en la misma cama que sus padres, en ocasiones, provoca que los niños inconscientemente sean erotizados y los pequeños no saben qué hacer ante ésta situación*

Del mismo modo que los padres muchas veces no tienen consciencia de lo que permiten o limitan, los niños también se ven afectados por esta falta de claridad en los límites. Es común encontrar niños que verdaderamente no saben lo que se espera de ellos, pareciera que tuvieran que adivinarlo ya que se da por hecho que ellos sabrán y que actuarán en consecuencia. No siempre es así. ¿Qué tan claro puede tener un niño algo si sus padres no están conscientes de lo que le están solicitando que realice?

Los niños deberán tener perfectamente claro lo que sus padres esperan de ellos.

Ahora bien, es necesario hablar de algunas consideraciones importantes en relación con los límites.

¿Qué características tienen los límites?

Se ha mencionado que un límite es el fin, extremo o punto máximo al que puede llegar algo. Hemos dicho que marcar límites dentro del hogar significa establecer de manera clara, conciente y por anticipado las conductas, comportamientos y actitudes que se permitirán o no dentro de la casa. También nos referimos a las consecuencias que se aplicarán una vez transgredidos los límites.

Los límites deberán ser marcados teniendo en cuenta seis características:

Seguridad. Debemos estar seguros no sólo de que queremos y debemos poner límites, sino también que los límites que establezcamos serán respetados.

Claridad. Se requiere tener claridad en cuanto al manejo de límites, para que a su vez seamos capaces de transmitirlos a los hijos y así evitar que el niño confunda nuestras intenciones. Los límites deben ser entendidos por los niños.

Firmeza. Los límites deberán establecerse con fuerza y energía de manera determinante. (La firmeza no se entiende como agresividad o violencia).

Consistencia. Una vez definidos los límites, deberán marcarse siempre. No deberá de depender de la circunstancia o de nuestro estado de ánimo.

Credibilidad. Los niños tienen que saber qué deben esperar de nosotros y, al mismo tiempo, debemos de lograr que nos crean.

Tranquilidad. Los límites deben ser marcados de manera tranquila. No con desesperación o ira.

Existen otros puntos importantes que debemos considerar en el momento de marcar límites a nuestros hijos:

> - *Cuando se trata de establecimiento de límites, los que tienen un problema no son los hijos sino los padres y ellos son quienes deben resolverlo*
> - *Si quieres que tu hijo cambie actitudes, que se comporte mejor, que tenga conductas más aceptables, el que deberá cambiar eres tú. Si no quieres más de lo mismo, haz algo distinto*
> - *Los niños reciben lo que nosotros les damos. Si a tu hijo le das amor, cariño y comprensión; él te recibirá el amor, el cariño y la comprensión. Si a tu hijo le das golpes, humillaciones y maltrato; él recibirá golpes, humillaciones y maltrato*
> - *Es falsa la idea de que a los niños que se les deja en libertad de acción, crecen siendo más autónomos. Detrás de esa visión se esconde una aparente justificación de los padres que no quieren empezar a poner límites y a establecer reglas en casa*

Contaré una anécdota ilustrativa. Hace unos años, cuando trabajaba en una escuela, tuve la oportunidad de conocer a una familia formada por dos hijos del padre, dos hijos de la madre y dos hijos de ambos. Era una familia en donde todos y cada uno de los hijos brillaba con luz propia. El que no ganaba el concurso de declamación tocaba un instrumento musical o cantaba o ganaba en el concurso de conocimiento. Eran respetuosos, educados y buenos estudiantes. Un día tuve una cita con alguno de los padres y yo bromeaba con la idea de que escribieran la historia de su familia, y que de seis hijos, los seis eran buenos. Ya no me aguanté las ganas, y sin pena les pregunté cuál era su secreto para sacar adelante a seis hijos y en esas circunstancia de familia reconstruida. El papá me dijo: "Mira, en mi casa las cosas son claras... ellos saben que se vale y lo que no se vale. Si transgreden un límite, tienen una consecuencia que ellos conocen y no hay miramientos ni chantajes. ¡Esa es la fórmula!"

Los niños necesitan límites, reglas y estructura para desarrollar una adecuada autoestima, confianza, seguridad, autonomía e independencia.

En este sentido, existen dos pirámides para representar lo anterior.

La base de la pirámide A es la certeza y la de B es la incertidumbre. Esto se refiere al hecho de que cuando un niño o un joven sabe cómo son las cosas experimentará claridad o, por el contrario, como indica la pirámide B, confusión. A su vez, la claridad genera tranquilidad y la confusión inquietud. Quien se desenvuelve en un esquema de intranquilidad, desarrolla una gran desconfianza; mientras que si se desenvuel-

Pirámide A

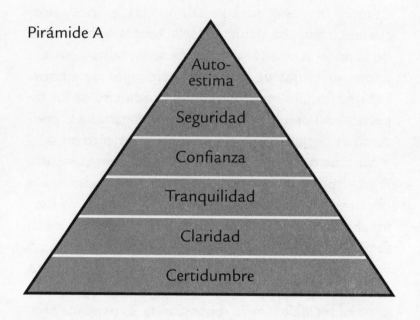

Pirámide B

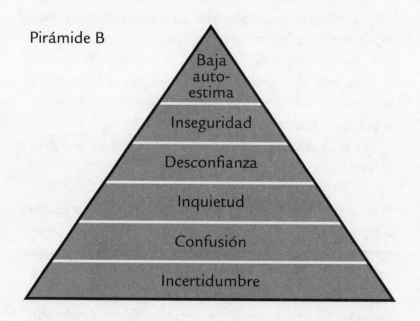

ve en un esquema de tranquilidad, desarrollará confianza sobre la situación y sobre las personas.

Tomando en cuenta las pirámides A y B resulta falsa la creencia de que los niños que crecen más libres son más sanos y adecuados. Como puede verse, la certeza genera claridad, ésta última tranquilidad. A su vez la tranquilidad deriva en confianza y ésta en seguridad que finalmente fomentará una autoestima adecuada.

Por otro lado, hemos hablado de varias consideraciones que tienen que ver con el establecimiento de límites y, en este sentido, no podemos dejar de lado una muy importante. Hagan memoria, hagan un acto de autorreflexión. Remóntense a su infancia, a los momentos en los cuales ustedes eran a los que estaban educando. En esa época sus padres tenían que lidiar con ustedes, educarlos, formarlos, guiarlos y reprenderlos: eran ellos los que debían poner límites, reglas y estructura en casa.

A través de estos recuerdos, quisiera que reflexionaran. ¿Sienten algún tipo de coraje o resentimiento porque no les hayan dejado jugar con cuchillos?, ¿o porque no los hayan dejado jugar con la estufa o en la azotea de la casa?, ¿y porque sus padres no dejaron que les pegaran? (Sí, entendieron bien, ustedes a sus padres). Me atrevería a afirmar que prácticamente todas sus respuestas fueron que no.

No conozco a nadie que esté traumado por las razones anteriores. No conozco a nadie que asista a un consultorio psicológico o psiquiátrico quejándose de que sus padres no lo dejaban pegarles, o jugar con cuchillos o con la estufa. Esto que parece tan absurdo tiene una gran implicación. Ninguno de nosotros está traumado, enojado o resentido por esto, lo cual quiere decir, entre otras cosas, que por supuesto ninguno de nuestros hijos se traumará o se resentirá por ello. No obstante, esto que a simple vista parece obvio, me ayuda a ejemplificar algo importante: Los NO duros y los NO suaves.

NO duros	**NO suaves**
Es claro, tajante y radical. NO deja lugar a dudas y no viene cargado de tristeza, culpa o remordimiento. Remite a NO se permite, NO se vale, NO es correcto, NO lo puedes hacer, NO lo voy a tolerar: NO puedes jugar con cuchillos, vidrios, cerillos o con la estufa. NO le puedes pegar a mamá.	*No son claros, tajantes y radicales. Deja lugar a duda, puede traer consigo culpa, remordimiento o tristeza. Si los papás se encuentran de buenas se puede convertir en SÍ. Es un NO se permite, pero en realidad SÍ. Es un NO que se puede transformar en un a lo mejor o quizá.*

La diferencia entre los NO duros y los NO suaves radica en que unos permiten que un límite, en ciertas circunstancias, pueda ser infringido.

Debemos tener muy en cuenta al aplicar los límites en niños y adolescentes que es probable que surja un problema cuando un NO duro se maneje como un NO suave y, a la inversa, cuando un NO suave se establece como un NO duro. Dicha situación provocará confusión.

Por ejemplo, pegarle a mamá. Esta conducta no debe permitirse bajo ninguna circunstancia. El pegarle a mamá tendría que ser uno de los límites más claros, consistentes y definitivamente manejado como NO duro. ¿Qué pasa cuando supuestamente teniendo claro que no podemos ni debemos permitir, lo consentimos?, ¿qué pasa cuando a pesar de la convicción de que esto esta mal, dejamos que lo hagan porque están chiquitos, porque no entienden, porque no pegan duro, porque estaba enojado?

Si pretendemos manejar este tipo de conductas (prohibidas y mal vistas de principio) con límites suaves, estamos directa o indirectamente permitiéndolo. Y claro, las cosas empeoran considerablemente si a pesar de entender que no está bien, lo permitimos y encima decimos: ¡No pasa nada!

Por el contrario, un límite suave que se intenta manejar como duro, también trae sus inconvenientes. Supongamos, por ejemplo, que tu hijo quiere jugar con plastilina. La plastilina ensucia. La plastilina de pronto necesita ser empleada bajo la supervisión de un adulto. Imaginemos que tu hijo quiere usarla en un momento que no es posible. El manejo podría ser ¡No, no hay plastilina!, ¡no puedes jugar con plastilina!, ¡te he dicho que no juegues con plastilina! La pregunta obligada es, ¿deberás ser tan tajante y definitivo con este asunto, como en el otro en el que tu hijo pueda pegarle a mamá? Por supuesto que no.

Para poder comprender el desarrollo de los límites es necesario tomar en cuenta la credibilidad, misma que se refiere a qué tanto nuestros hijos nos creen o no. Es común que niños y adolescentes comenten:

Mi mamá siempre me dice que va a pasar tal o cual cosa, pero a la mera hora no pasa nada; cuando me castigan se les olvida y luego puedo ver televisión; mis papás no me cumplen lo que me prometen; ya no le creo a mis papás, porque solo dicen y no hacen nada; ...ay mamá, tú siempre me prometes...

La credibilidad tiene que ver con lo que decimos y hacemos, con el grado de seriedad y de compromiso, con nuestras promesas cumplidas o no, con la posibilidad de saber qué esperamos de ellos y qué no.

Cuando un niño o un adolescente no te cree, ocurrirá alguna de las siguientes situaciones:

- *No te hará caso*
- *No confiará en lo que tú dices*
- *No sabrá que tan en serio tomarte*
- *No entenderá la magnitud o la gravedad de lo que mencionas*
- *No valorará o visualizará las consecuencias reales de su conducta*
- *No te tomará en cuenta*
- *Intentará por todos los medios brincarse ese límite que estás imponiendo*
- *Apostará a la tan de moda, sabida y comentada impunidad (hacer algo malo, con miras a que no pase nada)*

A fin de cuentas, la credibilidad puede hacer la gran diferencia entre la adecuada forma de poner límites o la imposibilidad de hacerlo. Si un niño nos cree, sabrá que esperar; sabrá que le cumpliremos lo prometido (bueno o malo); sabrá a qué atenerse; sabrá cuales serán las consecuencias de sus actos. Si nos cree, le daremos certeza, claridad, tranquilidad, confianza, seguridad y estaremos promoviendo la consolidación de su autoestima. Si un niño no nos cree, estaremos haciendo exactamente lo contrario.

¿Qué características tienen los límites?

Un límite debe marcarse de manera clara, consciente y por anticipado. Para que realmente sea un límite deberá de tener una consecuencia para quien no lo respete.

Muchos papás creen que están poniendo límites a sus hijos cuando les dicen qué se permite y qué no. Sin embargo, no tienen claro que debe de existir una consecuencia. Hay que recordar que actualmente los niños aprenden más con acciones que con palabras.

A los niños hay que explicarles las cosas, pero no más de tres veces. Estoy partiendo de que los niños entienden bastante y lo que hacen es probarnos, ver hasta dónde pueden llegar; de ahí en adelante se encargarán de ver qué tanto hablamos en serio, qué tan fuertes somos y qué tanto cumpliremos lo que advertimos.

¿Alguna vez haz jugado con tu hijos al cambio de roles? Ahora le toca ser el papá o a ella la mamá, y tú serás el hijo o la hija. Estoy seguro que te sorprenderás, hazlo. Cuando los niños intercambian con nosotros los papeles, es impresionante la forma cómo nos imitan: copian nuestros gestos, actitudes, tono de voz, volumen y, por supuesto, lo que decimos y cómo lo indicamos. Es probable que repitan nuestras palabras con auténtica precisión.

Cuando un niño repite la instrucción que le hemos dado, evidentemente ya entendió lo que queremos. No obstante, esto no garantiza que su comportamiento o su actitud haya cambiado. Si el niño ya se hizo consciente de la norma, lo que falta es que comience a modificar su conducta.

No debemos olvidar que, para que surja un límite como tal, deberá haber una autoridad que haga valer ese límite.

Daré un ejemplo. Piensen en una labor doméstica que odien, algo que realmente les desagrade pero que deben hacer: lavar los platos, limpiar el automóvil, hacer de comer. Imaginen que no hay personal doméstico que lo haga y tampoco otra persona de la familia que ayude en esta encomienda. Se debe de hacer y ya, la consigna es clara. Sin embargo, ¿qué sucedería si alguien llega y dice: "Mira, tú tienes que hacer esto. Si no quieres, no lo hagas y otro lo hará por ti."? Si pueden evitar algo que les disguste, seguramente lo harán.

Así actúan los niños y jóvenes. En la medida que puedan evitar lo que les desagrada, lo harán. Pero qué ocurre cuando el planteamiento es: "Esto que no quieres hacer, tendrás que hacerlo, o eso que sí deseas hacer, no lo tendrás". Queda claro que deberá aceptarlo.

Los niños tienen dos alternativas: una es dejarlo o hacerlo por las buenas, y otra es por las malas. En ese sentido, sí cuentan con una posibilidad de elegir. Con esto de "por las buenas o por las malas" no quiero adoptar una postura autoritaria, agresiva o humillante. Por las buenas quiere decirlo hacerlo sin mayor conflicto, y por las malas remite a que tendrá implicaciones o repercusiones negativas.

> El fin último de todo padre de familia debería ser preparar a sus hijos para la vida. Al interior de la familia deberíamos funcionar como una microsociedad en la cual se manejen cosas como normalmente están establecidas en la vida diaria. Ésa es la consigna. ¿Qué pasa con un niño cuya familia funciona así? Seguramente será un niño que se desarrolle adecuadamente en el entorno y contará con una gran capacidad de adaptación.

¿Qué ocurre cuando los padres no ponen límites y sus hijos ingresan al kinder? Hasta ese momento los padres se dan cuenta de que tienen un problema. Se trata de niños que al interior de la familia parecen funcionar bien, pero en la escuela no se adaptan, se muestran agresivos, intolerantes, sus maestras reportan que no obedece, pega, muerde y rasguña. Ante este panorama, la pregunta obligada es: ¿es cierto que este niño no presentaba ningún problema antes de iniciar su primer periodo escolar, o es que el esquema y la estructura familiar no le enseñaron a conocer límites? La mayoría de los problemas escolares de esta índole se debe a que los niños han sido educados en esquemas muy permisivos, inconscientes y destructivos. Y claro, se enfrentan la escuela, en donde sí hay reglas y estructura para cada actividad.

Conviene aclarar algo. No es que los padres dejen que sus hijos crezcan sin límites. Por supuesto que los han implementado, de lo contrario sus hijos ya no estarían aquí (hubieran tenido un accidente al jugar con cerillos, con la estufa o vidrios). Es por esto que no hablo de falta de límites sino de límites mal manejados. Lo que ocurre es que no han sabido plantear los límites de forma correcta, consistente, firme y clara.

Siguiendo con las características de los límites, voy a recurrir a otro ejemplo para representarlas.

Pensemos ahora que Ludovico tiene cuatro años, es un niño inquieto, alegre y juguetón; es un niño al que le gusta que las cosas sean como él quisiera: es intolerante. Estamos tratando de darle un manejo adecuado para que se adapte correctamente a la escuela. Supongamos que Ludovico es tu hijo y que las cosas con él en la escuela marchan más o menos bien. Sin embargo, comienzan a reportarte que les pega a sus compañeros. Tú, como sabes de límites y de consecuencias hablas con él y le planteas que no te gusta lo que está sucediendo, y que algo va a pasar al respecto si te siguen reportando que golpea.

Para efectos de mi ejemplo planteo dos alternativas:

> **1)** *Mira Ludovico, si tu maestra me vuelve a reportar que pegaste en la escuela, no verás la televisión ese día en la tarde. Y efectivamente, cuando te vuelven a reportar que pegó, no ve la tele ese día en la tarde*
> **2)** *Mira Ludovico, si tu maestra me vuelve a reportar que pegaste en la escuela, no verás la televisión en toda la semana. Te vuelven a reportar que pegó y tú, que sí cumples, lo dejas sin televisión lunes, martes y miércoles, aunque por ahí del jueves te dicen que ya no ha pegado, que se ha portado bien y entonces ve la televisión el viernes*

Para cuestiones de efectividad o de modificación de la conducta, ¿cuál de las dos opciones te parece más adecuada?

Si elegiste la opción uno, muy probablemente lo habrás hecho a través de alguno (o de todos) de los siguientes razonamientos. Para empezar, la opción uno es más inmediata. Los niños muchas veces (sobre todo si son muy pequeños), con el paso del tiempo, ya no recuerdan ni por qué están castigados; además es más fácil de cumplir y el niño asocia la consecuencia con la conducta.

Si elegiste la opción dos, muy probablemente lo habrás hecho pensando que es más significativo el castigo. Porque quizá le quede más claro que no permitirás que esa conducta se siga presentando, que los niños son muy inteligentes y que recordará perfectamente cuál es la razón por la que se encuentra sin ver televisión y que en el peor de los casos puedes estárselo recordando para que no se le olvide. Que el niño irá resintiendo todos los días la razón por la que no ve televisión; además, probablemente te habrás percatado que por ahí hubo un aliciente o un reconocimiento a su buena actitud, pues cuando dejaron de reportar que pegaba, pudo ver la televisión el viernes.

Definitivamente la opción uno es más efectiva. La opción uno es más adecuada porque sí se cumplió la consecuencia y en el segundo caso no. Además porque cuando te volvieron a reportar que el niño pegó, no vio televisión ese día en la tarde. La consecuencia se cumplió. El niño tiene la certeza, te cree, el niño sabe que hablas en serio y que de ser así, sabrá lo que pasará en lo sucesivo.

> Las consecuencias deben cumplirse para que el límite sea efectivo. Lo que modifica la conducta en un niño no es la severidad del castigo que impongamos, sino la consistencia en la consecuencia.

Es preferible una pequeña consecuencia impuesta (siempre que la conducta se presente), que establecer grandes castigos. Así, en cierta forma, estaremos contribuyendo a que poco a poco el niño empiece a ser responsable de sus actos.

Al marcar límites, debemos considerar la viabilidad de la consecuencia; es decir, optar por consecuencias que sepamos que podremos cumplir. Les cuento una anécdota:

Hace algunos años, me pasó lo siguiente: Era sábado por la mañana, ya me había subido a la camioneta, con mi canasta de comida a un lado; una canasta con su típica asa, con su mantel a cuadros estilo escocés, con los termos de nuestra bebida favorita (en realidad traía unas cervezas), los platos y cubiertos desechables, dispuestos a irnos al club, a pasar un maravilloso día de campo y de alberca. El día estaba soleado, hermoso, como pocas veces se ven en la Ciudad de México. Estaba seguro de que sería un día inolvidable y que la pasaría muy bien en familia. Yo estaba esperando a mi esposa y a mi hijo Juan Sebastián que en ese entonces tenía cuatro años. Todo iba bien hasta que escucho un grito de mi esposa: "¡Juan Sebastián...! ¡Si no te apuras a desayunar, no vamos al club!

¿Escuché bien? ¿Estaba oyendo que si mi hijo no se apuraba a desayunar, realmente no íbamos a ir al club? ¿Y los preparativos? ¿Y los amigos con los que habíamos quedado de vernos? ¿Y la canasta? ¿Y la comida? ¿Y mis cervezas (que por cierto ya estaban frías)? ¿Me tendría que meter a bañar nuevamente para quitarme el bronceador que ya me había aplicado? ¡Cómo era posible! ¿Mí día de club, mi maravilloso día en familia estaba a punto de derrumbarse por completo? ¡Por supuesto que no! Claro que nada de eso iba a pasar y lo sabía perfectamente. En un gesto amable y considerado hacia mi mujer, me acerqué tranquilamente a ella, y de un modo conciliatorio y pacífico, casi susurrando, le pregunté: "Sylvia, ¿en realidad si Juan Sebastián no se apura a desayunar, no vamos a ir al club?" Su respuesta fue rápida, tajante, definitiva y, por qué no decirlo, absurda. Me guiñó el ojo en un gesto de complicidad, como cuando uno dice una mentira delante del otro y cierra un ojo para dejar en claro que eso no es cierto.

¿Qué? No podemos ir por la vida con nuestros hijos amenazándolos de tal o cuál cosa, si en realidad tenemos claro que no podremos cumplir con la advertencia. Ahora bien, siendo honestos, sí era viable que no fuéramos al club, pero francamente no era algo que ella quisiera ni era algo que yo quisiera.

Al poner límites, las consecuencias deben ser viables, aunque también pensadas y reflexionadas por nosotros de manera anticipada.

Una circunstancia similar sucedió en otra ocasión. Mi familia estaba invitada a una primera comunión y mi querido hijo no quería vestirse con lo le habíamos asignado. Debo confesar que para eso de la ropa, hemos sido bastante permisivos, permitiendo que elija, la mayoría de las veces, lo que quiere ponerse. Sin embargo, también tenemos claro que a ciertos eventos, no puede ser que un niño de tres o cuatro años sea quien decida qué es apropiado para la ocasión. Por lo tanto, aún en nuestro esquema permisivo, solemos dar dos o tres alternativas de combinaciones para que el niño elija. En esa ocasión, no se le antojó ponerse nada de lo que le ofrecimos como alternativa. Recuerdo que mi esposa (pobre, siempre le toca la peor parte), le dijo al niño que si no se vestía con algunas de las opciones, no iría a la primera comunión. En ese momento, no teníamos personal doméstico, no teníamos ningún pariente con quien encargarlo y tampoco estábamos en posibilidad de dejarlo solo. Entonces me preguntaba... ¿cómo es que si mi hijo no se viste con lo que le propusimos, no irá a la primera comunión? Además, íbamos a ser los padrinos. Decirles que nuevamente mi esposa me cerró el ojo cuando la cuestioné sobre la sanción que estaba estableciendo, está de más, pero así fue. Lo cierto es que habían varios puntos mal planteados: la poca viabilidad de la sanción, la absoluta incapacidad para cumplirla y la poca credibilidad que se estaba gestando en ese momento.

¿Qué es la autoridad? ¿Cómo se ejerce?

Volviendo al asunto de los límites y de sus características, no podemos dejar de lado seguir hablando de la autoridad. Para que exista un límite, deberá haber una autoridad que lo haga valer.

La autoridad se define como *el derecho y poder de mandar y hacerse obedecer. Poder político, administrativo o religioso. Persona que desempeña cada uno de estos poderes. Crédito y fe que se da a una persona en determinada materia.*

Pensar en que como padres tenemos el derecho y el poder de mandar y hacernos obedecer, no responde más que a la definición más pura de autoridad. Una autoridad que sabemos que tenemos (o que deberíamos tener) y que en su momento tendría que implicar la necesidad de ejercerla.

Sin embargo, aun en esta postura, sé que podrá haber algunas visiones encontradas respecto al manejo de dicha autoridad y de sus posibles implicaciones. Me parece importante definir también algunos conceptos que se encuentran involucrados. Cuando hablamos de obediencia, de mandar, de ser autoridad frente a nuestros hijos, regularmente no podemos evitar asociarlo con actitudes porfirianas retrógradas y obsoletas. No obstante tienen su fundamento, una razón de ser que me permite traerlas a colación en este momento.

Desglosemos detalladamente los términos:

Autoridad: El derecho y poder de mandar y hacerse obedecer. Poder político, administrativo o religioso. Persona que desempeña cada uno de estos poderes. Crédito y fe que se da a una persona en determinada materia.
Derecho: La facultad de hacer o exigir alguna cosa por estar establecida o permitida.
Poder: La facultad para hacer algo. Dominio o influencia.
Obedecer: Cumplir lo que otro manda.
Obediencia: Acción o efecto de obedecer.
Mandar: Imponer a alguien la realización de alguna cosa.
Mando: Autoridad del superior.
Mandato: Orden o precepto.
Precepto: Orden o mandato de obligado cumplimiento. Norma o regla para el ejercicio de una actividad.

Norma: Regla que se debe seguir o que se deben ajustar las conductas, tareas, actividades.
Regla: Precepto, norma. Moderación. Ley básica.

Realmente creo que así podríamos seguir con el desglose, pero aquí me detendré. Esto quiere decir, por lo menos hasta donde vamos, que cuando hablamos de autoridad, podríamos decir más o menos lo siguiente:

> La autoridad frente a nuestros hijos es la facultad que tenemos de hacer o de exigir lo que nosotros establezcamos, lo que se permite y lo que no se permite (*derecho*), a través del dominio o la influencia (*poder*). Es imponerles a nuestros hijos la realización de alguna cosa (*mandar*), haciendo que se cumpla la orden y obligando su cumplimiento (*precepto*). Es hacer cumplir lo que nosotros, como autoridad superior (*mando*), definimos que se debe hacer o seguir (*regla*) para el ejercicio de cualquier actividad (*precepto*). Finalmente, seremos nosotros los que, en primera instancia, tenemos el crédito en materia de educación y formación frente a los hijos (*derecho*). Es derecho de los padres, establecer las leyes básicas de convivencia y funcionamiento dentro del ámbito familiar (*regla*).

Esto que a simple vista pudiera parecer demasiado radical (postura que aclaro no es la mía), nos da una idea bastante clara de lo que se trata la autoridad. Siempre he dicho que generalmente en todo (o en casi todo), la fórmula está en el término medio. Decimos con frecuencia: "Ni tanto que queme al santo, ni tanto que no lo alumbre". El término medio suele indicarnos la mejor postura en varios aspectos. La mayoría de las veces, todo lo que tiene que ver con psicología, con cuestiones emocionales, con educación y con formación de los hijos, lo que tiene que ver con salud mental, suele explicarse a través de extremos. La manía y la depresión, la dependencia y la independencia, el neurótico y el psicótico, el autoritarismo y el ser permisivos, la obediencia y la desobediencia, el rígido y el flexible, el bueno y el malo, el psicópata y el adaptado.

Esta postura, generalmente contradictoria y opuesta, nos permite entender los conceptos, los significados. Permite conocer ambas caras de la moneda para que en el mejor de los casos, podamos instalarnos e identificarnos en una escala de salud o enfermedad. No obstante, estos extremos, la mayoría de las veces categóricos, no son siempre la realidad. No suelen representarnos verdaderamente, pues estamos seguros que no todo es blanco o negro. Existen una cantidad inimaginable de matices de gris entre uno y otro. Esto es lo que yo intento explicar. La actitud radicalizada de la autoridad, de los límites, de la obediencia y del mandato sólo sirven como referencia para ubicarnos en un enfoque conceptual. Sin embargo, no son, desde ninguna perspectiva, lo que pienso al respecto. Sólo son eso: una aproximación "teórica" que nos adentra y nos explica en donde estamos parados.

Es, también, un intento por perderle el miedo a una serie de conceptos, que si bien solemos conocer y manejar, también suele representarnos cierto temor al utilizarlos.

> **Pasos a seguir en el manejo de la autoridad**
>
> · Asumirnos como autoridad
> · Ganarnos la autoridad
> · Ejercer la autoridad

Recuerdo hace algún tiempo, cuando comencé a dar algunas conferencias sobre este tema, experimentaba cierto temor en el empleo público de algunos conceptos y, sobre todo, en la utilización de algunas frases que generaban cierta incomodidad o malestar en algunas personas. Decir, por ejemplo, que en mi casa con mis hijos mandamos mi esposa y yo, es algo que puede considerarse inapropiado. Que los hijos tienen que aprender a obedecer o que nosotros somos la autoridad frente a ellos, se considera fuerte y probablemente hasta mal visto. Mencionar, obviamente desde el amor y la conciencia, que tenemos que lograr que nuestros hijos realicen lo que nosotros queremos, podría parecer retrógrado y autoritario.

No obstante, si no somos nosotros... ¿quién sería el encargado de decirles a nuestros hijos lo que tienen y no tienen que hacer? Si no somos nosotros... ¿quién debiera de encargarse de generar, hacer respetar y enseñar las reglas a seguir en nuestra sociedad? ¿Quién sería el encargado de formar, educar y guiar a nuestros hijos? Evidentemente nadie más que nosotros.

La autoridad se gana, independientemente del recurso que se use para obtenerla.

Hace tiempo, cuando trabajaba en la escuela donde laboré once años, teníamos una especie de chiste local. En ocasiones nos tocaba (a mí o a otra persona del plantel) tener cita con algún padre de familia por alguna situación específica concerniente a su hijo. Cuando dicha cita concluía, a veces al preguntarnos cómo nos había ido, contestábamos, a pesar de haber terminado de ver a los papás: "Lo que en esa casa falta es un adulto que se haga cargo". Y nos estábamos refiriendo precisamente a esto. A la falta de un adulto, de una autoridad que tomara las riendas de esa familia. Una autoridad que supiera ejercer su autoridad.

Esto nos lleva a una situación más común de lo deseable: la falta de autoridad dentro de algunas familias. Desde el principio comentábamos que una de las quejas más comunes de los padres es que sus hijos no les hacen caso. La explicación puede darse desde esta óptica. Es difícil cuando no hay autoridad que los niños hagan caso. De hecho, lo primero que se piensa cuando éste es el reporte por parte de los padres de familia, es cuestionar seriamente la autoridad de esos padres.

¿Cómo te hará caso un niño para el cual no le representas autoridad? Para que un niño haga caso, primero debe percibirte como autoridad. Si en tu casa, no eres tú la autoridad... ¿quién lo será?, ¿quién se encargará de que existan reglas, límites y estructura?, ¿quién será el responsable de que las cosas funcionen ordenadamente?, ¿quién definirá qué se vale y qué no se vale, qué se permite y qué no se permite?

Creo que debemos aclarar algunas cosas antes de continuar. ¿Cuáles son los pasos a seguir en lo que a la autoridad se refiere?, ¿qué es lo primero que debemos hacer para plantearnos como autoridad?

Por obvio y lógico que parezca, lo primero que debemos hacer es asumirnos como autoridad. Sabernos autoridad. Reconocernos como autoridad e identificarnos como tal.

En una familia, cuando alguno de los padres o ambos no se asume como autoridad, difícilmente harán algo por ejercerla.

Cuando se habla de autoridad mucha gente se incomoda o se espanta. Frecuentemente es asociado con el autoritarismo, suele remontar a las posturas de nuestros padres, donde la autoridad era absoluta e incuestionable. Comúnmente lo relacionamos con la obediencia militar, e incluso, con cuestiones culturales y hasta religiosas. Hay defensores abiertos de la falta de autoridad, ellos plantean que en las familias no hay jerarquías: porque todos somos iguales, los niños son personas igual que nosotros y merecen respeto; y que en el mejor de los casos debiera haber un manejo democrático de la autoridad, que los niños no son nuestra propiedad, que no tienen porque obedecernos y que son sólo prestados. Estoy de acuerdo. Sin embargo, en la más austera, formal, informal, humilde o primitiva asociación de personas, existen jerarquías. Hay quien establece y tiene el mando. Hay quien se hace cargo de lo que otros no pueden. Hay, siempre, quien define las reglas del juego, de convivencia, lo permitido y lo no permitido. Hay quien liderea al grupo y quien cuida, protege y enseña a los demás cómo deben ser las cosas y cómo deben comportarse.

Volviendo a los pasos a seguir, tendríamos que plantear el segundo elemento. En este sentido, una vez que nos asumimos como autoridad, que nos reconocemos e identificamos como tal, será tarea imprescindible ganarse la autoridad. Como sabemos, la autoridad no se regala, la autoridad se gana: es un derecho, pero también es una responsabilidad y una obligación. Somos nosotros los que lidereamos la familia, quien los cuida, protege y les enseña cómo deben ser las cosas y cómo deben comportarse. Ellos deben saberlo y nosotros, como padres, asumirlo.

La pregunta obligada podría ser: ¿cómo se gana la autoridad? Esto nos lleva al tercer paso que consiste en ejercer la autoridad. Ejercer significa realizar las actividades propias de una condición. Ejercer la autoridad, quiere decir que nos hacemos cargo de que se lleven a cabo los planteamientos que hemos establecido. Significa que hay alguien encargado de que se cumplan los lineamientos que consideramos apropiados, no sólo para el buen funcionamiento del grupo social al que pertenecen de origen (la familia), sino adicionalmente, que cuenten con las herramientas necesarias para enfrentarse al mundo.

Si como padres nos encargamos de que se cumplan los lineamientos que se han establecido, se estará ganando autoridad.

De tal modo que la autoridad puede asimilarse como el derecho y la responsabilidad de ejercer ciertos mandatos, reglas y normas con nuestros hijos dentro del hogar, en favor de generar un ambiente ordenado, estructurado, respetuoso y armónico, garantizando su cumplimiento por el bien común.

Límites, reglas y la estructura

Hay que recordar que el primer aprendizaje se da en la familia. Nosotros debemos darles a nuestros hijos las herramientas necesarias para que se integren al mundo, lugar en donde hay reglas, límites y estructura que el niño deberá asimilar de manera adecuada.

El diccionario define que una regla es: "un precepto, norma, moderación. Ley básica." Las reglas son los lineamientos, órdenes o mandatos que deberán cumplirse. Leyes básicas que necesitan plantearse con miras a obtener un bien común con cierto nivel de compromiso.

Hay reglas en todo: en un juego de mesa, en los deportes; en las instituciones de orden social y, por supuesto, en las familiares. ¿Cómo podemos diferenciar las reglas de los límites?

Regla

Es la disposición que a través del límite se cumple
Define la norma de comportamiento que debe o no prevalecer.

Límite

Establece hasta dónde se puede llegar con las acciones.
Señala lo que será permitido.
Indica el punto en el cual se rompe la regla y se tendrá una consecuencia.

Por otra parte, la estructura se refiere a la manera en que las partes están acomodadas. Es el soporte de algo, en este caso, de la familia. La estructura tiene que ver con el orden, con los horarios, las rutinas, con lo cotidiano dentro del hogar.

Estructura:

- *Implica hacer las cosas con un orden, darle el lugar a cada cosa y un espacio a cada situación*
- *Recordando la pirámide A: estructura + certidumbre + claridad + tranquilidad + confianza = seguridad. Un niño seguro con mayor facilidad desarrollará una adecuada autoestima*
- *Establecer horarios, rutinas y espacios permitirá que los niños poco a poco vayan generando una estructura interna. Desarrollar su propio orden hará que poco a poco cuenten con elementos para organizarse por sí solos*

De acuerdo a su edad, los niños deben tener un horario para levantarse, para desayunar, entretenerse, hacer la tarea, dormir la siesta, ver televisión, bañarse, tomar clases especiales, acostarse. Lo más aconsejable es que vivan bajo ciertos esquemas de orden: la casa recogida, su cuarto ordenado, sus juguetes relativamente acomodados, su mochila limpia. Es óptimo que acostumbren a que saquen su ropa antes de meterse a bañar, que se cercioren de que cuentan con lo necesario antes de sentarse a hacer su tarea, que guarden sus juguetes antes de pasar a otra actividad.

Los niños de 8 a 14 años ven televisión diariamente de tres a cuatro horas. (Fuente: SEP)

¿Qué ocurre cuando terceras personas intervienen en la educación de nuestros hijos?

Mucho se ha hablado del establecimiento de límites, de la educación, de la formación de nuestros hijos, de la forma en la que nos comportamos y de la influencia que tiene nuestro procedimiento en las conductas que presentan. También hemos mencionado la dificultad que significa para nosotros hacer cambios en la dinámica de la familia. Ya de por sí es complicado concientizarnos de nuestras acciones, ponernos de acuerdo con nuestra pareja, definir los lineamientos a seguir y estar en la disposición de que las cosas se modifiquen. Pero, ¿qué sucede cuando intervienen otras personas de manera directa o indirecta en la educación de nuestros hijos?, ¿qué pasa cuando además de los padres de familia, la abuela, la tía, el tío, se encargan de cuidar al niño?

He tenido la oportunidad de brindar asesoría a padres de familia que presentan situaciones verdaderamente complicadas y, en algunos casos, caóticas. Seguramente si ustedes padecen la intromisión de terceras personas en la educación de su hijo, aunque argumente que lo hace por amor, sabrán a lo que me refiero. He conocido casos en donde la lucha de poderes es, verdaderamente, una guerra encarnizada, familias en donde los desacuerdos en la forma de educar han provocado pleitos y discusiones graves: la poca o nula posibilidad de comunicación y negociación desencadena severos conflictos. Hay veces en que el abuelo o la abuela confrontan permanentemente la postura de los padres, agreden y descalifican su proceder. En otras circunstancias, los padres de familia son regañados frente a sus hijos por la manera en que los educan y, claro está, con este tipo de actitudes se devalúa y minimiza la autoridad de los padres.

Todas estas situaciones tienen una implicación negativa en la autoridad de los padres y en la dificultad para manejar adecuadamente el comportamiento de nuestros hijos.

La participación de terceras personas en la educación del niño es claro que afecta y confunde al pequeño. Como ya se dijo, la falta de autoridad es un problema permanente en las generaciones. No menos preocupante es la confrontación de la autoridad por quien se supone, ante los ojos de los niños, es también autoridad. Ante el niño, la principal autoridad generalmente son los padres; sin embargo, los abuelos o quien esté al cuidado de ellos también lo es. ¿A quién le hace caso un niño? ¿A sus padres que le dicen que las cosas deben de ser de una forma o a sus abuelos que indican que debe ser de otra manera?

Hay casos en donde los desacuerdos y confrontaciones de autoridad se dan con la misma pareja. Situación que, acaso, podría definirse en una frase: "Durmiendo con el enemigo." Por supuesto que esto también es un problema, incluso más delicado que los antes mencionados. ¿Cómo puede un niño entender que su primera autoridad (mamá), se encuentra permanentemente en desacuerdo con otra persona que también representa autoridad para él (papá)?

Ante este tipo de situaciones, suele ocurrir que los niños terminen confundidos, ansiosos y haciendo lo que más les conviene.

> El niño que pasa por este tipo de confusiones acabará por instalarse en el espacio que más le convenga y, con el propósito de conseguir lo que desea, probablemente jugará a contrapuntear autoridades: sin darse cuenta, los padres, el niño y las terceras personas entrarán a un círculo vicioso difícil de romper.

¿Qué hacer? ¿Cómo enfrentar la situación? Siguiendo las cuatro estrategias que se plantearán a continuación. Conviene aclarar que la radicalización de estos recursos aumenta conforme las vamos aplicando. Es evidente que también existen muchos factores que se encuentran involucrados, no puedo afirmar que son infalibles, pero es un buen comienzo para resolver la influencia negativa de terceras personas.

Estrategia 1: *Ayúdame.* Consiste en invitar de manera tranquila y amable a que existan puntos en común. Debe de haber disposición y apertura. Implica un acuerdo en donde de manera sensata y prudente se trabajará por el bienestar de los niños. Se trata de hablar sobre el asunto, definir las formas, los modos y los tiempos; establecer acuerdos y compromisos en beneficio de los pequeños. Se deben dejar de lado las posturas radicales, las diferencias, los desacuerdos, las descalificaciones, para dar paso a la negociación e invitar a que se lleve a cabo el programa sobre límites y berrinches que aquí se plantea.

Estrategia 2) *Si no ayudas, no estorbes.* Se trata de solicitarle a esa tercera persona que no intervenga cuando tú das una orden, que no te contradiga y menos delante de tu hijo. Se intenta acordar mediante un compromiso, que si a tu madre, abuelo, hermana, suegro, esposo, no le parece el manejo que tú estás dando, te lo señale, te lo indique, pero en privado. Deberás de aclarar que tú tienes la disposición de escucharlos para tomar en cuenta sus recomendaciones, y que harás un esfuerzo por modificarlo, pero que te lo digan a ti, en un espacio en donde el niño no lo escuche y, por supuesto, que no te descalifiquen frente a él y te resten autoridad. Recuerda que no solamente sirve educar a través de la forma en que fuimos educados, y tampoco con el ensayo y error: es necesario educar también con conocimiento de causa, con conciencia e información.

Estrategia 3) *Hazlo tú mismo.* Si ya pediste ayuda, cooperación; si trataste de conciliar y llegar a acuerdos; si ya expresaste tu disponibilidad para escuchar otros puntos de vista, y no obtienes una respuesta positiva, lo que sigue es que no te desgastes en algo que no puedes cambiar, que ya no pelees con una situación que se encuentra fuera de tu alcance: hazlo tú mismo. De lo que se trata es que no claudiques en la educación de tus hijos, aunque existan personas que van en contra de lo que quieres enseñar y de lo que para ti es correcto. Mientras los niños vivan más ambivalencias en su aprendizaje, será más complicado; también es una verdad que si ven que alguien descalifica la autoridad de sus padres, les genera inseguridad y desconcierto. No obstante, los niños pueden aprender con quién sí y con quién no, con quién se vale y con quién no; a pesar de las contradicciones, pueden aprender a que con su abuela (o cualquier otra persona) está permitido, y con los papás no lo está.

Estrategia 4) *Te restrinjo.* Este recurso se usa cuando las confrontaciones con esa tercera persona son cada vez más graves y violentas; además de que prevalece una descalificación absoluta de tu autoridad. Es tanta la influencia de esa tercera persona y su intervención, que se vuelve necesario aplicar este recurso: limitar, en la medida de lo posible, su contacto con el niño porque está interfiriendo negativamente en su formación. Aclaro de una vez, que en muchos casos esto es imposible: si vives con tu mamá o papá, con tu suegra o suegro, con tu esposo o esposa o es cualquiera de ellos los que te lo cuidan porque tú trabajas y tienes la necesidad de contar con ellos, realmente ésta no es una alternativa viable para ti. Si es tu caso, sólo me resta sugerirte que hagas hincapié en la estrategia uno, dos y tres. Sin embargo, si existe la posibilidad real de restringir la presencia de la persona que no te esta apoyando, ésta sí puede ser una alternativa para ti. Recuerda que este método de límites y berrinches puede llevarte implementarlo 15 días y después empezarás a ver resultados. Si es tu mamá o tu suegra la que está interfiriendo negativamente en la educación de tu hijo, no es mucho tiempo si se deja de verla dos semanas. Después todo será más fácil. Muchas veces cuando se recurre hasta este nivel de intervención con terceras personas, movidos por el amor que le tienen a nuestro hijo, y ante nuestra firmeza y la posibilidad de no ver al niño, terminan por ayudarnos e instalarse en la primera de las estrategias.

Una vez que lo consigues, una vez que el niño comience a entender y asimilar cómo funcionan los límites, la actitud de tu hijo será distinta y, aun si se encuentran en presencia de terceras personas, las situaciones de tensión y conflicto disminuirán.

El ABC de los berrinches

Los berrinches son un tema que preocupa, angustia y desconcierta a los padres de familia en mayor o menor medida. Son, dicho sea de paso, ese tipo de comportamientos que con frecuencia hacen dudar sobre la eficacia como padre o madre, o en su defecto, sobre la normalidad o anormalidad de un hijo.

Tendemos a justificar dichos comportamientos a través de explicaciones psicológicas, racionales o coloquiales, aunque estos razonamientos muchas veces rebasen los niveles de entendimiento y tolerancia.

Si se tratara de una conducta normal, sería poco lo que podrías y deberías hacer, pues estarías coartando el desarrollo de tu niño al tratar de combatirlos.

Si se debiera a una conducta aprendida, tendrías que cuestionarte seriamente de quién y en dónde lo están aprendiendo, lo que te llevaría a limitar sus relaciones interpersonales y, en el mejor de los casos, a revisar y modificar tus propias actitudes y conductas.

Y si el origen de los berrinches fuera genético o relacionado con el temperamento, poco podrías hacer algo al respecto y acaso tendrías que recurrir a una postura más bien de resignación.

> Los berrinches son una respuesta refleja que se da ante una situación frustrante; es decir, un comportamiento casi automático que se presenta cuando la persona no consigue lo que quiere o cuando las cosas no resultan como uno desea.

Son conductas generalmente cargadas de un contenido inadecuado, negativo o agresivo/impulsivo, utilizado frecuentemente (aunque no exclusivamente) por niños, para expresar rechazo, inconformidad, molestia o desagrado ante una o varias situaciones determinadas.

Estas conductas suelen manifestarse a través de llanto, gritos, movimientos incontrolables (pataletas), negativismo, enojo, autolesiones y agresión verbal o física a los otros y, en algunos casos extremos, a través del espasmo del sollozo o apnea (cuando el niño se priva o aguanta la respiración durante unos instantes), situación que puede ir acompañada de otras manifestaciones generalmente de poca duración, pero muy impresionantes para los que se encuentran alrededor del niño.

Dichas conductas implican la pérdida de control sobre las intensas emociones negativas de ira y frustración del niño, excediendo su capacidad para controlarlas. En otras palabras, la imposibilidad del niño de contenerse ante las situaciones en las cuales sus demandas no son satisfechas, en el tiempo y la forma que espera.

¿Qué buscan los niños a través del berrinche?

Este tipo de respuesta en los niños suele tener cuatro objetivos muy claros y concretos:

1. *Evitar la frustración*. Recuerda que la tolerancia a la frustración es la capacidad para soportar que las cosas no siempre sean como nosotros deseamos. Y claro, como a los niños no les agrada que las cosas no siempre sean como ellos quieren, harán todo lo que esté a su alcance para evitarlo y lograr salirse con la suya.

2. *Obligar a los demás a que cumplan con sus deseos* (salirse con la suya). Se trata de un mero mecanismo de presión para los padres con el propósito que cedan a las peticiones de los niños. Es una manera de forzar las situaciones para que se ajusten a como ellos quieren que sean.

3. *Captar la atención de quienes lo rodean*. La atención es el segundo motor de la conducta infantil. Es pertinente reiterar que los niños no saben diferenciar entre atención positiva y atención negativa. Para un niño atención es atención, ni siquiera importando el precio que tenga que pagar por obtenerla. Claro está que en algunas ocasiones, aunque el niño aparentemente no se salga con la suya, si capta atención lo estará haciendo de manera indirecta.

4. *Descontrolar a los padres y obtener mayor dominio no sólo de ellos, sino adicionalmente de la situación misma.* Al hablar de los antecedentes necesarios para entender los límites, mencionamos el poder. Este último es el control que se ejerce en casa, es definir quién tiene la batuta de la orquesta familiar. Los niños a través de sus berrinches logran ejercer un gran control sobre las situaciones, lo que muchas veces refuerza la conducta.

Estas conductas tienden a ser estimuladas de manera directa o indirecta por los padres, pues las reacciones que estos comportamientos generan refuerzan en gran media su comportamiento; es decir, las respuestas de angustia, enojo, desesperación y frustración de los padres, se convierten a su vez en un importante impulsor de estas conductas.

Los niños aprenden que gracias a este recurso obtienen de los adultos lo que desean; y cuando en realidad lo consiguen, comienza un círculo vicioso que se encadena (algunas veces de manera permanente) a los deseos del pequeño.

Los berrinches tienen un contenido social. No sólo tienen generalmente una intención, sino adicionalmente van dirigidos a alguien (casi siempre a papá y mamá); necesitan público que los presencie para que de verdad cumplan su cometido. Difícilmente un niño que se encuentra solo, recurrirá a este tipo de manifestaciones a menos que sepa que se le está viendo u oyendo.

¿Qué es La escalada de los berrinches?

Considero importante mencionar cómo se da el incremento en los berrinches de los niños. Es lo que llamo *La escalada de los berrinches*. Y para ello, hablaré de niveles, aunque aclaro que no existe ninguna escala real que los evalúe de esta manera. Sólo la utilizo para ejemplificar la manera en que los berrinches van en aumento.

Pensemos en un niño de dos años. Él de pronto necesita algo, y lo pide más o menos de buena manera. Tú, como estás educándolo y como sabes que tiene que tolerar la frustración, se lo niegas. Quizá no se lo des con la intención directa de no dárselo, sino que simplemente no se lo das porque no le das la importancia o te encuentras haciendo otra cosa o no lo escuchaste o no le pusiste suficiente atención. Tu hijo lo entiende y no hace nada. En otra ocasión, te pide algo, pero como ve que no se lo das, entonces lo pide de no tan buena manera. A lo mejor empieza a poner cara y sube el volumen de su reclamo. Tú, por lo mismo que se comentó o por cualquier otra razón, no accedes. El niño no hace nada. La siguiente vez que el niño quiere algo y se le niega, entonces hace un pequeño berrinchito de nivel dos y tú, al verlo desesperado y que realmente lo quiere, se lo das. Entonces el niño aprende que no es pidiéndolo por las buenas, ni pidiéndolo por las no tan buenas que consigue, sino que tiene que hacer un berrinchito de nivel dos. La próxima ocasión que tu hijo desee algo, sabe que tiene que hacer un berrinchito. Y a ti, como ya no te esta gustando cómo pide las cosas, pues se lo niegas cuando lo hace de esta manera. Entonces él le sube al berrinche de nivel tres y luego al cuatro y luego al cinco... y por la razón que quieras (estás cansado, estás en público, con tus suegros, estás de buenas, o lo que sea...) se lo das. En este momento el niño aprende que no es por las buenas, ni por las no tan buenas, no con un berrinchito nivel dos, ni con uno de nivel tres, ni cuatro sino con un berrinche de nivel cinco que consigue y, como el niño economiza su energía, no va a pasar por todos los niveles sino que directamente se irá por el berrinche cinco. Si con estos comportamientos, dejara de recibir, pues seguramente le subiría al nivel seis y al siete y al ocho... y si por error o por descuido o hartazgo se le complaciera, obtuviera, se saliera con la suya o lograra que las cosas sean como él quiere, entonces aprenderá que tiene que hacer berrinches de nivel ocho para obtener lo que anhela. Y así sucesivamente hasta llegar a berrinches realmente grandes y descontrolados, en los cuales se priva, se golpea, se automutila. Ésta es La escalada de los berrinches y se da principalmente porque los niños aprenden que con comportamientos inapropiados y descontrolados, obtienen lo que quieren.

Habrá quien sugiera, para manejar los berrinches, entender a los niños, considerar a los berrinches normales, permitir la expresión de emociones frustrantes y explosivas en los infantes, transitar por esta fase con grandes dosis de paciencia y amor, postura que merece toda nuestra consideración y respeto. Sin embargo, los berrinches no dejan de generar preocupación, desesperación, enojo, impotencia, angustia, conflicto y desarmonía familiar, razón por la cual vale la pena abordarlos y entenderlos desde un punto de vista más práctico.

De acuerdo con distintos especialistas, podemos decir que los berrinches oscilan más comúnmente entre el primer año de vida y los 4 años del niño, siendo su fase más intensa alrededor de los dos.

El berrinche consta de varias fases, que van desde el momento en el que al niño se le niega algo (primer NO), hasta los sentimientos experimentados de culpa, tristeza o arrepentimiento una vez que la crisis ha pasado. Sin embargo, lo primordial radica en saber qué hacer y cómo manejar momentos tan difíciles.

¿Qué hacer en caso de un berrinche?

A continuación encontrarás algunas estrategias para combatir los berrinches, disminuirlos o, en el mejor de los casos, erradicarlos. Posteriormente hallarás una serie de recomendaciones que te orientarán en el manejo de los berrinches.

1. De inicio, identifica y entiende los factores que predispongan al berrinche e intenta ser conducente, modifica o dale manejo a las situaciones que lo provocan. No se trata de que el mundo se adapte a tu hijo, pero si es posible, puedes cambiar algunas cosas que sabes que los provocan.

2. Anticipa al niño lo que sucederá cuando presente esta conducta. Sobre todo que sepa que no obtendrá lo que quiere con esos comportamientos.

3. NADA que sea pedido a través de un berrinche, se debe otorgarle.

4. Retira la carga afectiva que te representa e ignora el berrinche; es decir, evita que se convierta en centro de atención, pues eso es lo que buscan y desea.

5. No grites, te desesperes o pierdas el control ante un berrinche.

6. No otorgues, concedas o premies al niño, posterior a presentarlo.

7. Marca límites claros, firmes y consistentes, de manera tranquila y paciente.

8. Evita la sobreprotección y el miedo a traumarlos.

9. Estimula, deposita carga afectiva y refuerza los comportamientos apropiados, positivos o deseables.

10. Hazle saber y sentir que el amor que sientes por él o ella es incondicional, pero que esto no implica que le vayas a permitir ciertos comportamientos.

11. Anticípate a las situaciones problemáticas, hablando con tu niño de lo que sucederá o de lo que harán más adelante, situación que le representará certeza y confianza.

12. Remarca y señala los cambios de actividad con cierta anticipación (cinco minutos antes).

Durante el berrinche:

A. Mantén la calma: debes recordar que tus reacciones descontroladas serán un importante reforzador de las conductas inapropiadas.

B. Sé firme: debes evitar los dobles mensajes y la duda al señalarle lo correcto e incorrecto.

C. Cuando se presente, la reacción que debes tener es tomar al niño firmemente de la mano y de manera tranquila llevarlo a su habitación o a un lugar destinado como su espacio o, de ser necesario, retírate tú de donde estén. Déjalo ahí y no hagas absolutamente nada más. Ahí puede seguir haciendo su berrinche.

D. Asegúrate de que el niño no corre peligro y luego aléjate.

E. Ignóralo o préstale la menor atención posible: recuerda que los berrinches necesitan público.

F. Es indispensable que tu niño no consiga lo que quería, que no se salga con la suya. Por lo menos no antes, durante o inmediatamente después del berrinche. Si lo ha de conseguir, deberá hacerlo mostrando un comportamiento más adecuado.

G. Si el berrinche se da en un lugar público donde su conducta puede provocarte vergüenza o pena, sácalo del lugar tranquilamente y sin ninguna explicación.

H. Si su berrinche incluye golpes, mordidas o cualquier otra manifestación agresiva, debes evitar a toda costa que continúen. Deberás contenerlo físicamente de manera firme, con la finalidad de que le quede claro que eso no está permitido.

I. Explícale que su comportamiento tendrá ciertas consecuencias, por ejemplo, no conseguir lo que quiere, retirarlo del lugar, falta de atención de tu parte durante la crisis, regresar a casa antes de lo previsto o dejar de hacer algo que estaba planeado.

J. Después de la crisis es conveniente hacerle sentir que estás presente, pero no impresionado. Habla con él, pregúntale qué es lo que le molestó y qué es lo que a ti no te gustó de su comportamiento. Haz hincapié en que los berrinches no son la forma adecuada de manifestar su inconformidad, frustración o desagrado.

K. No uses castigo físico para disciplinar o para tratar de erradicar o disminuir los berrinches, ya que además de que estarás depositando de manera evidente carga afectiva, estarás agravando el problema y transgrediendo la integridad física y emocional de tu hijo.

L. Puedes respetar su enojo y su manifestación, aunque deberás enseñarle comportamientos más apropiados para descargar su frustración, o para conseguir lo que quiere.

M. Refuerza las conductas y los comportamientos positivos y adecuados.

N. Acude a un especialista, cuando las cosas se salgan de control, cuando te esté siendo difícil lidiar con estas situaciones o cuando necesites una orientación más personalizada para resolver el problema.

En conclusión, es muy importante mencionar que el papel de los padres es determinante en todos los procesos por los que atraviesan los niños y, más específicamente, en el manejo y resolución de la etapa de los berrinches. Deberás mantener la calma y estar preparado e informado para enfrentar esta situación.

Etapas del berrinche

1ª etapa: El deseo de obtener algo por parte del niño.
2ª etapa: La negación del satisfactor por parte del adulto.
3ª etapa: La experimentación de frustración en el niño.
4ª etapa: Manifestación de inconformidad a través del llanto y/o el berrinche.
5ª etapa: Pérdida de control sobre las emociones. En esta fase el niño no comprende razones, por lo que resulta inútil hablar con él y explicarle.
6ª etapa: El niño vuelve a tener el control de sus emociones (desvanecimiento del berrinche).
7ª etapa: Sentimientos posteriores generalmente asociados a sollozo, tristeza o arrepentimiento.

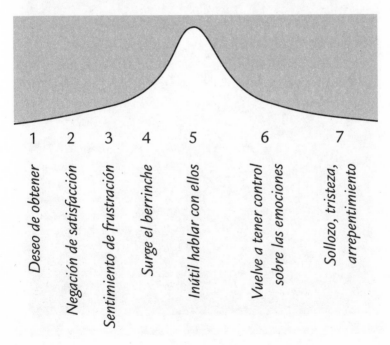

**Señales de alarma que deberán
ser tomadas en cuenta:**

· La presencia de un alto grado de preocupación, irritabilidad o tristeza por parte de los
padres
· Cuando los padres consideran a los berrinches
del niño como un grave problema prácticamente sin solución
· Que el padre o la madre no vean o perciban
nada positivo en sus hijos, o presenten mucha
dificultad para encontrarlo
· Que el niño tenga más de cuatro años o
menos de un año
· Que los berrinches se presentan tres veces
al día o más y duren más de 15 minutos.
· Que los berrinches ocurran regularmente en
la escuela
· Que los berrinches incluyan frecuentemente
destrucción intencionada de objetos, ataques
a otros niños y autoagresividad
· Que existan otros comportamientos o manifestaciones irregulares importantes
· Que haya en los padres tal cantidad de dudas
que no puedan ser cubiertas por estos medios.
· En cualquiera de estos casos, se considera que
se requiere de una atención más especializada,
por lo que será recomendable consultar con un
especialista a la mayor brevedad posible

Entre el 50% y 80% de los niños de dos a tres años hacen berrinches al menos una vez a la semana, y el 20 % al menos diariamente.

De estos últimos, el 40% de los niños hacen de tres a cuatro berrinches al día con una duración aproximada de uno a dos minutos.

El 60% de los niños de dos años que hacen berrinches frecuentes, continuarán teniéndolos a los tres años.

El 60% de éstos continuarán haciéndolo a los cuatro años.

La prevalencia de berrinches explosivos permanece aproximadamente en el 5 % a lo largo de toda la infancia.

Los berrinches importantes se acompañan a menudo de otros trastornos de la conducta significativos, como trastornos del sueño o hiperactividad.

Los berrinches no se relacionan con el sexo o la clase social.

No se encuentran indicadores de que exista una predisposición genética o familiar.

[Fuente: ministerioinfantil.com]

Pasos para establecer límites

A) ¿Qué tipo de niño queremos tener?

Es esencial tener claro cómo deseamos que nuestros hijos sean y también darnos cuenta de los valores que queremos transmitirles, de los mensajes que queremos enviarles. Resulta importante saber hacia a dónde nos dirigimos, pues evidentemente cuando uno conoce el camino a seguir, la posibilidad de que se llegue más rápido se incrementa.

Como padres de familia, ¿se han puesto a pensar cuál es su filosofía familiar?, ¿dentro de qué estándares quieren funcionar y que los demás actúen?, ¿cuáles son esos lineamientos que quieren seguir y que su hijo continúe dentro de la estructura familiar?, ¿cómo quieren que su hijo sea ahora que es un bebé, cuando tenga un año, tres, cinco?, ¿qué valores tendrá su hijo?, ¿cómo será a los diez, quince, veinte y treinta años?, cómo será percibido?

Si no se han puesto a reflexionar en los cuestionamientos anteriores, sugiero que lo hagan, cada uno por su lado. Realicen el siguiente ejercicio de forma individual, por escrito y sin comentarlo. A continuación muestro una serie de afirmaciones que ayudarán a que su respuesta sea más específica, también pueden optar por hacerlo libremente:

Me gustaría que el comportamiento de mi hijo estuviera basado en...

Las características emocionales que quisiera promover en mi hijo son...

Los valores que pretendo inculcar a mi hijo son...

Las herramientas sociales con las que me gustaría que mi hijo se desenvolviera son...

Me agradaría que mi hijo fuera percibido por los demás como...

Para mí un hombre o una mujer de bien son quienes...

En alguna ocasión un padre de familia desglosó año por año cómo le gustaría ver a su hijo. No se trata de eso sino de tener claridad en cómo se educará el niño.

Les cuento una historia para que noten la importancia de saber hacia dónde nos dirigimos en la educación de nuestros hijos. Hace algunos años vino a mi consultorio una familia compuesta por papá, mamá y el adolescente de 12 años. Los padres estaban angustiados porque su hijo era demasiado irresponsable y distraído, además hacía tres años al niño le habían diagnosticado que era superdotado. Puede comprobar que el pequeño sí era realmente inteligente, y que esforzándose poco lograba captar, aprender, analizar, resolver y cuestionar situaciones que no correspondían a su edad. No obstante, la etiqueta de ser un niño inteligente que le pegaron hace tres años, le estaba costando muy caro: los niveles de exigencia, las altas expectativas de los padres y los altos niveles de aprehensión de ambos estaban siendo uno de los principales problemas para mi paciente. Por aquellos años, el niño cursaba el último año de la primaria, y era verdaderamente desorganizado, desestructurado y muy irresponsable; perdía a cada rato sus útiles, cuadernos, sudadera, no anotaba lo que tenía de tarea y tampoco llevaba los libros que necesitaba en clase.

Los padres de este niño hicieron una fórmula mágica y realmente creían en ella. Planteaban: superdotado + responsabilidad = éxito en la vida

En aquel momento me parecía que no era una mala fórmula. Tenía lógica: una elevada capacidad intelectual en alguien responsable, podría generar que le fuera bien el la vida. Hasta aquí no se le veía nada de malo, era un óptimo planteamiento y un buen principio. El problema surgió cuando a través de esta fórmula, los padres intentaron generar en el niño la característica de la responsabilidad. Como el niño todo lo olvidaba, era muy desordenado y desorganizado, entre otras cosas, solía también incumplir con las tareas y los trabajos escolares. En ese afán de ver en su hijo rasgos de superdotado, la mamá se convirtió casi en su guardaespaldas para que no olvidara libros, útiles, ropa y hacer la tarea que dejaban en la escuela. La señora me confesó que después de que sus compañeros ya no querían pasarle a ella lo que habían dejado de tarea, contactó al portero de la escuela y por una aportación económica logró que le permitiera entrar a la escuela a buscar libros, cuadernos y, con suerte, leer en el pizarrón lo que la maestra había anotado y su hijo no. La consigna era clara: "Que mi hijo cumpla y sea responsable a como dé lugar". El error estaba en que la mamá le resolvía todo: cualquier falla, cualquier incumplimiento u omisión, dejaba ya de ser responsabilidad de él y se convertía entonces en una falla de su madre. La mamá sabía hacia donde quería ir y conducir a su hijo, pero no era la manera adecuada porque no le estaba inculcando el sentido de la responsabilidad y no lo dejaba ser autosuficiente.

Una vez que concluyan esta tarea que, sugiero, la hagan por escrito, me parece que tendrán un panorama más claro. Asimismo, les permitirá tener elementos suficientes para realizar el segundo ejercicio.

B) ¿Qué te gusta y qué no te gusta que haga?

En este apartado, se trata de identificar los comportamientos, actitudes y conductas que consideras inapropiados en tu hijo. Esto que, de primera instancia, pudiera parecer intrascendente, absurdo o negativo tiene una gran razón de ser. Si nos remontamos a la definición de límites, mencionábamos la posibilidad de establecerlos con la finalidad de evitar situaciones de conflicto. Indicábamos como justificación de este trabajo que los niños presentan comportamientos inapropiados y que esos comportamientos inapropiados generaban situaciones de tensión en casa y problemas de conducta. De igual modo, se mencionó que la falta de límites adecuadamente impuestos solían promover malos comportamientos. En este sentido, identificar cuáles son esos malos comportamientos adquiere una importancia vital. ¿Por qué? Porque en la medida en que tengamos reconocidos esos comportamientos indeseables, estaremos en mejor posibilidad y disposición de corregirlos; además, nos permitirá algo que desde mi punto de vista será necesario: enfocarnos en las situaciones que generan mayor conflicto y dejar fuera las que no.

Se trata de identificar las conductas o actitudes de tu hijo que te molestan, que te desagradan o que te hacen enojar. En este sentido, quiero hacer una aclaraciones. Puedes centrarte en comportamientos que tu hijo presenta y que a ti te molestan o también en conductas que tu hijo no presenta y que a ti te gustaría que presentara. ¿Qué quiero decir con esto? En muchos casos al hacer este ejercicio, los padres de familia omiten en sus listados las cosas que aún molestándoles, encuentran absurdo que les incomode. Sienten que a pesar de que algo de sus hijos les enoja, no debería de suceder así. En este ejercicio se trata de reconocer lo que nos molesta, tengamos o no razón, sea o no justificable que suceda.

Voy a poner un ejemplo. A mí me molesta que mi hija lloriquee. El lloriqueo es esa postura que de pronto adopta mi hija, en donde comienza a hablar como consentida, quejosa, medio llorando, con una actitud dramática, sufriendo por lo que acontece.

Volviendo al ejercicio sobre lo que nos gusta y no nos gusta de nuestros hijos, quisiera hacer algunas precisiones:

- Eviten generalizaciones o conceptos poco claros. Por ejemplo... ¡que no obedezca! Me parece un concepto demasiado amplio e inespecífico.
- Hagan su propia lista y que su pareja haga la suya (o tu mamá, suegra o hermana).
- Es importante que cada uno lo realice por separado y después contemplen la posibilidad de compartir sus opiniones.
- Una vez que tengan el listado, se deberá jerarquizar numéricamente las conductas que más problemas generan. Otórguenle el número uno la que más dificultad les implica, continuando con la que sigue, de tal manera que al final de la lista quedarán los comportamientos que si bien incomodan, no representan tanta gravedad.

Cuando queremos corregir las conductas inapropiadas, todo lo que nos molesta, puede ser muy desgastante tanto para el niño como para nosotros. Lo más conveniente es tener claro qué comportamiento se desea modificar y enfocarse en dos o tres acciones.

Hace algunos años, cuando nos encontrábamos comiendo en casa, al término de dicha comida le pregunté a mi esposa si se había percatado de cuantas instrucciones le había dado a Juan Sebastián, nuestro hijo. Él tenía dos años aproximadamente. De primera instancia no me supo contestar. No se percató de cuantos señalamientos había precisado. ¡Eran 15!

Desde *siéntate bien, no juegues, no comas con la boca abierta, no te llenes tanto la boca de comida, agarra bien los cubiertos, no tomes tanta agua, no pongas los codos sobre la mesa, no agarres la comida con las manos, no cantes, come más rápido, no te pares, no te estés moviendo, cómete todo, no desperdicies la comida y deja de jugar con el popote.* Las preguntas obligadas son: ¿cuántas de estas indicaciones Juan Sebastián pudo haber aprendido?, ¿con cuántas de estas cosas se quedó? Con ninguna. Son demasiadas, un niño de dos años difícilmente podría asimilar tantas consignas. Sé que podrás pensar que la única forma de generar hábitos en los niños es a través del señalamiento de los comportamientos y de corregirlos permanentemente. No obstante, creo que hay que priorizar. Es necesario que tengamos identificado qué es lo más importante. Cuando hicimos este ejercicio mi esposa y yo, nos cuestionábamos qué era lo más importante a la hora de la comida. Discrepamos un poco, pues teníamos claro que queríamos que nuestro hijo fuera educado y que tuviera buenos modales. Pensábamos cuál sería el mejor momento para enseñar todas estas cosas y coincidíamos en que desde pequeño. Sin embargo, nos fuimos más atrás... tratábamos de encontrar qué era lo más esencial a la hora de la comida con Juan Sebastián. Finalmente acabamos definiendo que para nosotros lo más importante eran dos cosas: que la hora de la comida tendría que servir para que se alimentara y para generar un espacio de convivencia armónica, en donde pudiéramos cohabitar de manera tranquila. Entonces estaba claro que la hora de la comida no podría cumplir más requerimientos. Actualmente mi hijo come bastante bien, suele usar adecuadamente los cubiertos, procura no desperdiciar la comida, toma el agua necesaria, no se para, no come con las manos y, si habla con la boca llena, se lo señalamos. Cuando empezó a comer solo tenía dos años, ahora tiene once: en nueve años nos evitamos problemas y conflictos a la hora de la comida.

Volviendo al ejercicio de la conducta de nuestros hijos, en el listado debemos considerar las conductas que tengan una mayor implicación sobre las otras, ¿cuáles de estos comportamientos, de no corregirse, dificultarán que los otros se modifiquen? Entiendo que esto es difícil, pero deberá hacerse.

Volvamos al espacio de los ejemplos. Supongamos que se tienen los siguientes comportamientos identificados:

1. No quiere comer
2. Le pega a su hermano o es abusivo con él
3. Habla en un tono como si ordenara o contesta mal
4. Acusa a papá con mamá o viceversa
5. En las mañanas es un problema levantarlo o vestirlo o que desayune porque lloriquea
6. No obedece cuando le pides que haga algo
7. Es contestón
8. Tira y avienta la comida
9. Se enoja por todo
10. Es agresivo con papá o con mamá

Estos pueden ser los comportamientos que tú tienes identificados y que te molestan, supongamos que en este orden de importancia. El ejercicio consiste en determinar cuáles de estas conductas servirán o no de base para corregir las otras.

¿Cómo podremos lograr que nuestro hijo coma, si no nos obedece?, ¿cómo lograremos que no le pegue a su hermano o no abuse de él, si con nosotros se muestra agresivo?, ¿cómo podremos conseguir que no sea contestón, si es intolerante y se enoja por todo? Un poco de esto se trata. ¿Qué comportamientos tendrían que ser corregidos primero, independientemente del malestar que nos generen, para poder atacar a otros? Para ello, quizá debamos remontarnos al manejo de la autoridad. Recuerdas que hablábamos de que para que un niño te haga caso, tendrás primero que generar las condiciones para que así suceda. De ahí se desprende que independientemente de lo incómodas que nos resulten algunas de sus conductas, será necesario primero corregir otras.

Retomando el asunto y sólo a manera de ejemplo, las conductas antes mencionadas podrían acomodarse así:

> 6. No obedece cuando le pides que haga algo
> 10. Es agresivo con papá o con mamá
> 2. Le pega a su hermano o es abusivo con él
> 9. Se enoja por todo
> 3. Habla en un tono como si te ordenara o te contesta mal
> 7. Que sea contestón
> 5. Que en las mañanas sea un problema levantarlo o vestirlo o que desayune porque lloriquea
> 8. Que tire o aviente la comida
> 1. No quiere comer
> 4. Que acuse a papá con mamá o viceversa

Evidentemente esto es sólo un ejercicio realizado a la ligera, pues es claro que las circunstancias que rodean a cada situación y cada familia son muy distintas. Sin embargo, nos puede dar una idea más o menos clara de cómo se realiza el proceso. En este caso, partimos del hecho de que si nuestro hijo no nos obedece, difícilmente podremos conseguir lo demás. Asimismo, si permitimos que se muestre agresivo con nosotros, no podremos erradicar el mismo comportamiento con su hermano. Esto claramente es resultado de su intolerancia y mal genio que, de no ser combatido, dificultará en gran medida que nos hable bien. Si se corrige, será mucho más sencillo que le demos un manejo adecuado a la dinámica presentada en las mañanas. De la misma manera, difícilmente podremos pensar en que coma, si se muestra impulsivo e intolerante, provocando que aviente la comida. Finalmente que acuse a mamá con papá o viceversa, será un elemento que se trabajará a través de los acuerdos, las negociaciones y la consistencia entre los padres. Así es como se establece las prioridades a abordar, una vez que se definen las conductas, los comportamientos inaceptables de nuestros hijos.

Recuerden que van a tener, en total, cuatro enlistados, mismos que van a dan a conocer y tratar de conciliar con su respectiva pareja o el familiar que les ayude en la educación de su hijo.

C) ¿Qué deben negociar papá y mamá?

Una vez que realizaron de manera individual estos listados, será necesario que se concilie entre los involucrados (con su pareja, mamá, suegra, hermanos). Este proceso dependerá de la comunicación, de la apertura, de la disposición, pero también de qué tan parecidos o diferentes puedan ser los listados y las prioridades para cada uno de ustedes.

He tenido pacientes para los que este ejercicio resulta ser el más fácil de todos, pues hay una concordancia entre la postura de uno y la postura del otro. Sin embargo, también es una realidad que en otros casos, las diferencias son tan marcadas que de pronto parece casi imposible conciliarlas.

En este punto será necesario que ambas partes puedan estar en disposición y apertura para negociar. Puedo traer a colación la pareja que estaba a punto del divorcio porque para él era realmente importante que sus hijos no anduvieran descalzos, mientras que para ella eso no tenía importancia. Sin embargo, me basaré en otro ejemplo personal.

Vuelvo a mi hijo. Cuando Juan Sebastián, tenía dos años y medio, y estaba a punto de dormirse, yo llegaba a la casa. Entonces él tomaba su segundo aire de energía, se le espantaba el sueño y yo me ponía a jugar con él. Le gustaba llevarme sus muñecos y decía que me los vendía, así simulábamos que yo le pagaba dos pesos por un Barney, un peluche o un carrito. Nuestro jueguito ponía de malas a mi esposa y era de entenderse, ella llevaba todo el día lidiando con el pequeño y ahora con el ajetreo de los juguetes se le había espantado el sueño. Ella ya había hecho su trabajo y lo que quería era ponerse a hacer otra cosa o simplemente no hacer nada, descansar.

Una vez realizado el ejercicio de hacer nuestras listas y conciliarlas, me di cuenta lo incómodo que era para ella el que yo llegara a espantarle el sueño a mi hijo. En ese sentido, fui yo el que tuve que ceder para modificar esta situación. Lo acordado fue que si yo quería jugar con mi hijo a esas horas podrían ocurrir dos situaciones: una, que me fuera al cuarto de mi hijo para dejar tranquila a mi esposa; o dos, que sería yo el encargado de dormir a mi hijo una vez que pasara la euforia de verme. Así lo hicimos y el problemas más o menos se resolvió.

Es importante mencionar que este proceso es lo que pone (o debería poner) a ambos padres en la misma frecuencia. Resulta necesario que los dos puedan estar de acuerdo con las conductas a modificar de su hijo, de manera que pueda llegar el momento en que papá se comporte frente a los niños exactamente igual estando mamá o no estando y, por su parte, mamá pueda comportarse igual frente a los niños estando o no papá.

Explico esto de las frecuencias. Siempre he pensado que no es lo mismo que un padre de familia se encuentre en A.M. y otro en F.M. Cuando dos padres tienen formas tan distintas, estilos tan distintos, educaciones y enfoques tan distintos, difícilmente se encontrarán en la mismo cuadrante. Por el contrario, si se hallan ambos en F.M. o en A.M., la posibilidad de encontrarse y coincidir será mayor. Aun pensando en el peor de los casos, que estuvieran los dos en la misma frecuencia, podría darse el asunto de que estén en diferentes estaciones. Éstas últimas podrían representarse como estilos de educación, de enfoque, de paciencia o intolerancia, de calma o de irritación. Uno puede escuchar música en español y el otro, música clásica, pero ambos en una misma frecuencia. Los estilos pueden respetarse, estar en distinta frecuencia no. El estilo puede hacer que uno sea más conciliador que el otro. No obstante, ambos deberán estar más o menos en la misma frecuencia, eso implica determinar qué conductas se van a trabajar y a través de qué estrategias: es entender el *¿por qué?*, *¿para qué?*, *¿qué?* y *¿cómo?* en ambos padres por igual.

D) ¿Qué situaciones se deben identificar?

Continuando con el planteamiento de los pasos a seguir para el establecimiento de límites, será necesario identificar las situaciones de más conflicto, de modo que podamos, gradualmente, irlas atacando. Ya se mencionó que la posibilidad de modificar varias conductas a la vez, no trae consigo buenos resultados; es por esto que se deben definir cuáles comportamientos deberán ser trabajados. Debo hacer hincapié en que dos o tres conductas a combatir suelen ser suficientes, pues en la medida en que resolvamos las más urgentes estaremos en mejor posibilidad de corregir las demás.

E) ¿En qué situaciones de conflicto se debe trabajar?

Una vez identificadas las situaciones a resolver, nos enfocaremos en las más importantes o a las que sirvan de base para las otras. Si tenemos, por ejemplo, 10 situaciones que no nos gustan, cuando corrijamos las dos o tres primeras, la cuatro, cinco y seis, pasarán a los primeros lugares. Es entonces cuando nos enfocaremos a ellas. Cuando corrijamos la cuatro, cinco y seis, evidentemente siete, ocho, nueve y diez, pasarán a los primeros sitios de nuestro abordaje. Así es como funciona.

Esto ayuda a que nosotros como padres de familia, no vivamos en una eterna lucha con nuestros hijos, desgastando la relación y creando tensión. Ayuda a que podamos tener más espacios de convivencia sana y armónica, sin que necesariamente estemos todo el tiempo sobre nuestros hijos. También contribuye a que nuestros hijos no se sientan presionados ni amenazados todo el tiempo por nosotros.

F) ¿Qué pasará si se presentan o no las situaciones de conflicto?

A lo largo de todo el texto hemos hecho énfasis en los límites, en sus características y en el manejo de ciertas consecuencias. Para que un límite sea un límite, es necesario que haya alguien que lo haga valer, pero también es necesario que exista una consecuencia una vez trasgredido ese límite. Es decir, debe pasar algo cuando el niño (o adolescente) presenta alguno de los comportamientos que hemos identificado, y que reconocemos como indeseables. Ese algo que debe pasar es una consecuencia de sus actos.

¿Qué diferencia existe entre premio/castigo y consecuencia positiva/ negativa?

Todos hemos oído hablar, nos han aplicado o hemos empleado los premios y los castigos. Sabemos que cuando teníamos un mal comportamiento era normal que nos castigaran. No era raro escuchar frases del tipo de: *Lo hago por ti, para que aprendas; a mí me duele más que a ti, pero tengo que hacerlo; si no entiendes de otra manera, no me queda más remedio que castigarte; te mereces un castigo.*

Por el contrario, realizar una buena acción, tener una actitud deseable o simplemente hacer lo que nos correspondía hacer, podría ser la condicionante para recibir el tan deseado premio. Estaba entendido muchas veces que solamente las acciones sobresalientes o el intento por reafirmar conductas deseables, se hacían acreedoras a un reconocimiento. No obstante, como afortunadamente todavía se acostumbra, dicho estímulo no solía ser necesariamente material; se llamaba cuadro de honor, diploma, reconocimiento, aplauso. Aunque a veces la simple sensación de haber hecho algo bien, era suficiente. El orgullo y la satisfacción de nuestros padres podría ser el aliciente más importante para continuar haciendo lo correcto.

Actualmente ya no se habla de premios y de castigos, sino de consecuencias positivas y consecuencias negativas. ¿Cuál es el sentido del cambio?, ¿qué implicación tiene la terminología utilizada?, ¿cuál es la diferencia entre premio/castigo y consecuencia positiva/consecuencia negativa?

Cuando se habla de premios y de castigos, generalmente son asociados a algo que viene de fuera. Algo que se impone, aplica o que otorgan. Es como si un ente, además de los padres, maestros y familiares, viniera e impusiera un castigo por un adecuado comportamiento. O, por el contrario, alguien reconoce, valida y premia por algo que muchas veces es parte de la responsabilidad del niño. Finalmente desde el punto de vista que se vea, es una respuesta externa a las conductas presentadas. De ahí provienen frases célebres como por ejemplo: *Mi papá me castigó, mi maestro me reprobó, mi mamá no me deja salir.*

Esta condición que viene de afuera, generalmente no es integrada ni asumida de manera adecuada por los niños y jóvenes. De hecho, adicionalmente suele traer consigo enojo y resentimiento contra la persona que lo impone, contra la autoridad que en un momento determinado decide con razón o sin ella, aplicar un castigo. ¿Cuál es la frase preferida de niños y jóvenes? ¡Qué injusto! "Es injusto que me castigues por esto y por aquello". Con esos razonamientos, los padres parece que son los injustos y hasta los responsables de lo que su hijo hizo.

El premio y el castigo se asocia con algo que viene de fuera, situación que lleva muchas veces a que no asuman su propia responsabilidad.

Por el contrario, las consecuencias positivas y negativas implican la forzosa condición de ser aplicadas sobre tus actos. Los comportamientos positivos regularmente traen consigo consecuencias positivas. Por el contrario, un comportamiento negativo trae una consecuencia negativa. Así de simple. Dicta el dicho popular: "El que bien actúa, bien le va". Esto es el resultado de un orden natural. Si uno cumple con sus responsabilidades, si uno hace lo que le corresponde, si uno se esfuerza dando lo mejor de sí, si uno persevera por alcanzar lo que desea, si uno muestra una actitud positiva, adecuada, considerada y educada, la posibilidad de que el resultado de nuestro comportamiento sea positivo, aumenta. A la inversa, actuar de manera irresponsable, evitar hacer lo que nos corresponde, regirnos por el principio del menor esfuerzo, mostrar una actitud negativa, inadecuada, desconsiderada, grosera, agresiva, pasiva o intolerante, evidentemente incrementa de manera considerable la posibilidad de que como resultado de nuestro comportamiento, las cosas no vayan bien.

Cuando se habla con niños y adolescentes de consecuencias positivas y negativas, en lugar de premio y castigo, de alguna manera se está contribuyendo a que poco a poco se vayan haciendo responsables de sus actos.

Lo que queremos es que el niño llegue a reflexionar en la medida de sus posibilidades: "No es mi papá o mi mamá los que me castigan, son mis comportamientos y mis actitudes las que definen mis consecuencias". De esta manera, se incrementa la posibilidad de que asuma dicha consecuencia y que por añadidura, aprenda de la experiencia.

Ahora bien, es una realidad que todo exceso es malo. Tenemos que entender que caer en la *consecuentitis* tampoco es una buena idea. De hecho, actualmente es uno de los grandes problemas de las familias. Los niños viven muchas veces terriblemente condicionados. Y lo saben. De ahí posturas conocidas como: *Si hago esto, ¿qué me vas a dar?; ya hice esto, ¿me vas a dar un premio?;* o *tú me prometiste...* En sentido negativo pueden oírse frases del tipo: *Sí, ya sé que me tengo que ir a mi cuarto; ya sé que ahora me vas a castigar tal cosa; mamá, me voy a quedar sin ver tele porque hice esto...* Caer en estas posturas tampoco ayuda, pues las consecuencias dejan de tener valor.

Esto implica la forzosa necesidad de escoger nuestras batallas con los niños. Si de todo regañamos, si de todo llamamos la atención, si de todo aplicamos una consecuencia (cualquiera que ésta sea), si de todo premiamos, si todo lo condicionamos para bien y para mal, entonces los niños dejan de responder. Esto va muy relacionado con una de las partes anteriores del libro, en donde se menciona que es importante identificar lo que queremos modificar (Puntos B y E de *¿Qué pasos hay que seguir para el establecimiento de límites?*) Identificar y decidir qué batallas queremos lidiar con ellos, junto con la definición de las consecuencias que manejaremos, es uno de los principales elementos que pueden impedir que caigamos en la *consecuentitis*.

TERCERA PARTE

¿CÓMOS?

Manejo de consecuencias

No es lo mismo ocasionalmente romper un límite, que ocasionalmente poner un límite.

Antes de hablar de las estrategias específicas de modificación de la conducta o de los diferentes manejos de consecuencias, será necesario mencionar los elementos que deberán tomarse en cuenta a la hora de aplicarlas.

Algunos padres de familia se preguntan: ¿cómo defino qué consecuencia aplicar en cada caso?, ¿cómo sé si el castigo que aplico es el correcto?, ¿qué elementos debo considerar a la hora de aplicar una consecuencia?, ¿cómo sé si la consecuencia es efectiva?, ¿cómo sé si la consecuencia tiene que ver con lo que el niño hizo?

Lo primero que hay que identificar es qué consecuencia se destina en cada caso. Dicha situación sería un tanto complicada; sin embargo, existen varios aspectos que se deberán tomar en cuenta.

Viabilidad en la consecuencia

Este punto ya había sido mencionado con anterioridad, cuando nos referimos a las características de los límites. Hablar de la viabilidad de una consecuencia implica el cuestionamiento de si es posible o no llevarla a cabo. ¿Cuántas veces no ponemos, proyectamos, cantamos, decimos, sentenciamos o amenazamos con consecuencias que de inicio no son factibles de cumplir? Recuerden el ejemplo que les mencionaba sobre la primera comunión: íbamos a ir al evento, éramos padrinos y Juan Sebastián no se quería vestir. Otra situación común es cuando se les dice a niños y adolescentes que no saldrán de vacaciones con la familia, y por supuesto que los padres no están dispuestos a perder el viaje. La viabilidad implica que nos cuestionemos si lo que estamos definiendo puede ser o no llevado a cabo.

Consecuencias que se cumplan

Un límite o una consecuencia que no se cumple quedará sólo en un comentario, en una amenaza o en una recomendación. Sin embargo, no se tratará de una consecuencia real y aplicable al comportamiento del niño y, por tanto, no se logrará el resultado deseado, mermando de manera considerable la credibilidad. Si le dices que por su mal comportamiento, hoy no verá la televisión, cúmplanselo. No pongan una consecuencia que no podrán (o no querrán) cumplir.

Consecuencias por anticipado

Deberán definirse por anticipado las consecuencias que en un momento determinado serán aplicadas. Tanto el niño como nosotros, deberemos saber qué esperar y qué podría suceder ante determinada situación. Entiendo que en ocasiones se presentan eventualidades o situaciones no previstas, para lo que se tendrá que recurrir a un manejo no anticipado. No obstante, una vez que analicemos las principales estrategias que se plantean, se podrá estar en posibilidades de enfrentar dichas situaciones. Por ejemplo, si tu hijo hace berrinches constantemente, tendrás que decirle que cada vez que se porte de esa manera se irá a su silla de pensar el tiempo que tú dispongas.

Consecuencias inmediatas

Este apartado se refiere al tiempo que transcurre entre la conducta indeseada y la consecuencia. Está claro y entendido que la consecuencia deberá aplicarse lo más inmediatamente posible a la conducta presentada. Sin embargo, también es un hecho que en ocasiones esto no es posible. Pongamos un ejemplo. Vas en el coche, sobre periférico, y en ese momento tu hijo hace un berrinche. Es obvio que no te podrás parar en el coche a aplicar una consecuencia. No obstante, podrás hacerlo una vez que llegues a tu destino. Por ejemplo, llegarás a una misa en donde tampoco será posible aplicar la consecuencia negativa; en este caso, podrás aplicar la consecuencia una vez que lleguen a la fiesta o incluso al llegar a tu casa. Deberemos evidentemente tomar en cuenta la edad del niño, pues no es lo mismo para un niño de dos años que para un niño de ocho o más. Hay que recodar que los tiempos de los niños no son iguales a los de los adultos y si en un momento determinado postergamos demasiado la consecuencia, es probable que tu hijo ni siquiera recuerde el motivo de dicha sanción. Por otro lado, aplazar demasiado la consecuencia puede implicar también que no asocie el comportamiento inapropiado con dicha consecuencia. Sin embargo, en la medida que vamos automatizando este manejo, aumentan las estrategias y las posibilidades de hacerlo correcta y naturalmente.

Consecuencias relacionadas

A la hora de definir las consecuencias, será necesario que ubiquemos qué comportamientos tienen que ver con otros. Para ello, podrá servir identificar qué actitudes se consideran inapropiadas; es decir, están relacionadas con la responsabilidad, la dificultad para controlar sus impulsos, la baja tolerancia a la frustración de tu hijo. En ese sentido, se tratará de encontrar algo que pueda estimular positivamente la conducta contraria y apropiada. Por ejemplo, si tu hijo no puede convivir en armonía con los demás porque se está peleando todo el tiempo, lo aíslas temporalmente de la situación de conflicto. Otro caso podría ser que si no cumple con sus deberes, no tendrá acceso a tal o cual cosa.

Consecuencias proporcionales

Este apartado se refiere a la necesidad de dimensionar la falta cometida, buscando una consecuencia que pudiera ser proporcional a dicha falta. En primera instancia, es posible que sea de utilidad dividir las faltas en leves, moderadas y graves. Quizá ayude dimensionar la conducta indeseable con base en la repercusión que en un momento dado pudiera tener. Y, claro, basado en esto, es muy probable que se pueda definir la magnitud de la consecuencia negativa. Por ejemplo, si el niño no come las verduras, no podrá comer un danonino.

Consecuencias acordes a tu manera de pensar

¿Es razonable quitarle a un niño que tiene problemas de socialización, de trabajo en equipo o de sobre peso, el fútbol? ¿Es adecuado quitarle las clases de pintura o de música a un niño que brilla por su sensibilidad artística? ¿Resulta apropiado a un niño introvertido, castigarlo no yendo a una de las pocas fiestas infantiles a las que ha sido invitado? Se trata de procurar no manejar consecuencias que de pronto podemos darnos cuenta de que representan un beneficio mayor para el niño o para el joven aunque sepamos que por el gusto, interés o atracción que sienten, puedan representar una buena alternativa como consecuencia. Y que muchas veces los padres nos vemos en la necesidad de imponer una consecuencia en lo que más les duele, para que entiendan o modifique su conducta. No obstante, en muchos casos puede resultar contraproducente. Lo esencial en este punto es buscar no afectar la integridad y el desarrollo de los niños.

Utilizar el sentido común

Muchas veces he dicho que a la hora de poner límites y establecer consecuencias debemos utilizar el sentido común. Algunas veces sólo basta con este elemento para establecer consecuencias. El sentido común nos dicta, con frecuencia por sí solo, la acción a seguir. Tomando en cuenta lo subjetivo que puede el sentido común, trataré de explicarlo con un ejemplo. Hace algún tiempo, trabajaba el tema de los límites con una familia. Con ellos se estableció, de manera conciente y clara, que una de las conductas de los cinco hijos era tomar cosas que no eran suyas. Ese comportamiento quería erradicarse. La mamá ya le había sentenciado al niño de siete años que si volvía a tomar otro objeto que no fuera de él, lo iba a llevar con la policía. Y así ocurrió. El niño incurrió en la misma falta y la mamá lo llevó a la delegación más cercana, le pagó a unos policías y metió a su hijo de siete años, dos horas a los separos de la misma delegación. ¿Fue definida la consecuencia por anticipado? Sí. ¿Fue viable la consecuencia? Sí. ¿La cumplió? Sí. ¿La consecuencia fue inmediata? Sí. ¿Estaba relacionada la consecuencia con la conducta presentada? Sí. ¿Había sido definida la consecuencia por decisión de la madre? Sí. ¿Fue proporcional? No. ¿Se utilizó el sentido común? Creo que no. A esto me refiero cuando hablo del sentido común. Por más que nos apeguemos a la estructura de este programa y en el entendido de que mientras más te apegues, los resultados serán mejores, nunca hay que olvidar el sentido común.

Una vez que hemos aclarado lo que a simple vista podría parecer elemental, pero que en la práctica cotidiana se puede convertir en un verdadero problema, debemos hablar, ahora sí, de las estrategias específicas de modificación de la conducta. Hablaremos de siete estrategias: cinco serán formales (conocidas y estudiadas), y dos serán informales (a manera de complemento de las anteriores y que pueden servir de apoyo en la tarea de educar).

Por otro lado, considero pertinente aclarar que las dos primeras estrategias formales (la uno y la dos) existen, se utilizan, son efectivas, pero NO son recomendadas.

> **Estrategias de modificación de la conducta:**
>
> **A.** Educar moviéndote
> **1.** Consecuencia aversiva física
> **2.** Retiro del afecto
> **3.** Tiempo fuera (Time out)
> **4.** Retiro de privilegios
> **5.** Reforzamiento positivo
> **B.** El pasaporte

A. Educar moviéndote

Si bien no es formalmente una estrategia, ayuda a reforzar la autoridad. Educar moviéndote significa que vas a verificar que tu hijo haga lo que estás pidiendo que realice y vas a acudir, moviéndote, a cerciorándote de esto. Por ejemplo, si tu hijo de uno o dos años está tomando algo de la mesa colocada en el centro de la sala, desde tu lugar le indicas que lo deje; él no lo deja, entonces vas hasta donde se encuentra y se lo quitas. Otro caso: si llamas a tu hijo de cuatro o cinco años y no viene, te paras y vas por él. Si le pides que haga algo y no lo realiza, vas hasta donde se encuentra y haces que lo haga. Esto es educar moviéndote, con lo que podrás lograr varias cosas favorables:

- Los niños y jóvenes se darán cuenta que sí hay una autoridad que se hace valer.
- Permite trabajar en la credibilidad.

- Estarás cerciorándote que se cumpla lo que estás diciendo, lo cual refuerza uno de los principios básicos de los límites.
- Es un recurso que te permite lograr poco a poco lo que te propones. Y, claro está, puede ir acompañado de cualquiera de las estrategias formales que a continuación se mencionan, no está peleada con ninguna.

1. Consecuencia aversiva física

Se refiere a la nalgada, manazo, pellizco, jalón de patillas, coscorrón y por supuesto, en casos mucho más extremos y reprobables, al cinturonazo, las quemadas, los golpes, los latigazos. Este recurso ha existido a lo largo de la historia; sin embargo, NO se recomienda por los altos costos que se paga al emplearla.

- Este recurso SÍ transgrede la integridad física, emocional y psicológica de los niños.
- Perturba de manera importante la autoestima, la confianza y la seguridad de quien lo recibe.
- Genera fuertes sentimientos de enojo, coraje y resentimiento.
- Merma la relación entre padres e hijos, al ser catalogado y vivido como abuso.
- Desgraciadamente es llevada a cabo con altas dosis de agresión y violencia, situación que enseña a los niños a conducirse de esta manera.
- Reduce la posibilidad de que el niño desarrolle mecanismos de autocontrol.

- Afecta también la confianza depositada en los padres y muchas de las veces deteriora la imagen de éstos frente al niño.
- Abre la posibilidad de que sea utilizado por los hijos cuando ellos sean padres: hijos maltratados forja a los futuros padres golpeadores.
- Va en contra de los derechos de los niños.

No se trata de sugerir su utilización; no obstante, me gustaría hacer algunos comentarios para aquellos padres de familia que eligen el castigo físico como una forma de corregir a sus hijos:

- Deben estar concientes de todo lo que implica.
- No es el único recurso que pueden utilizar.
- A pesar de que puedan justificar su uso (ya sea por la efectividad que se logra, por haber sido ustedes mismos víctimas de la consecuencia aversiva física y no estar traumados, porque una nalgada a tiempo te evita muchos problemas), es una estrategia que Sí afecta a los niños.
- Para utilizarlo, si así lo deciden, tendrán que tomar en cuenta que debe ser manejado como el NO más duro que impongan.

¿Recuerdan aquel apartado en donde se mencionan los NO duros y los NO suaves, en las consideraciones en relación a los límites? Decíamos que el NO duro es claro, tajante, definitivo, radical y no deja lugar a dudas y, aunque el papá o la mamá se encuentren cansados, de buenas o de malas, siempre será un NO.

Es necesario recordar que si se abusa de este recurso, para cualquier cosa y para todo, como cualquier otra estrategia dejará de funcionar.

> Si a un niño se le pega con cierta regularidad, dejará de identificar la gravedad de sus faltas y, por lo tanto, no estará en posibilidad de asumir responsable y claramente las consecuencias de sus actos. Se confundirá de tal manera que le resultará imposible saber lo mal que ha hecho, pues por una cosa o por otra, la consecuencia aversiva física será la misma.

Sólo puedo añadir una última recomendación: tengan mucho cuidado con la utilización de este recurso.

2. Retiro del afecto

¿Recuerdan cuando hablábamos de los motores de la conducta infantil? ¿Recuerdan que mencionamos que el primer motor de la conducta en los niños es el afecto? Consiste en utilizar el afecto, por supuesto, el que nosotros sentimos por ellos, de manera intencionada o propositiva, para lograr modificar conductas. Este recurso llevado a su máxima expresión pudiera ser: *ya no te quiero, si haces eso ya no te voy a querer, si te sigues portando de esa manera, nadie te va a querer.*

Existen otras modalidades más sutiles como: *¡Vete de aquí!; ¡no me hables!; ¡estoy enojado contigo!; si tú no me* *haces caso, yo tampoco te voy a hacer caso.* El recurso puede ser específicamente verbalizado o, por el contrario, manifestarse a través de nuestra actitud. Ejemplos de esto es cuando no les contestamos a nuestros hijos, no les hacemos caso, nos portamos indiferentes, enojados, fríos o distantes.

Definitivamente este recurso funciona, es efectivo, sirve, se obtienen resultados, pero también es un recurso que NO es recomendado porque:

- Va en contra del primer motor de la conducta infantil que es el afecto.
- Genera lo que comúnmente se denomina: amor condicionado.
- Provoca que el niño crezca con la idea de que se le quiere sólo si es bueno, y no se le quiere si no lo es.
- Tomando en cuenta lo anterior, el niño podría en el futuro intentar vivir complaciendo a los demás, buscando a toda costa su aprobación y ser aceptado. No es raro que el origen de las relaciones destructivas se derive en muchos casos de este manejo durante la infancia; relaciones destructivas o conflictivas en donde algunas de las consignas pudieran ser *no importa lo que me hagas, con tal de que me quieras; pégame pero no me dejes; me trata muy mal, pero en el fondo me quiere.*
- Al decirle a nuestro hijo que no lo queremos, por tal y cual motivo, se afecta nuestra credibilidad como padres porque en realidad sí los queremos.
- Es una estrategia con altos contenidos de manipulación. Se utiliza el chantaje y la manipulación afec-

tiva para lograr modificar las conductas o las actitudes de nuestros hijos. Por añadidura, los niños y jóvenes, aprenderán que a través de la manipulación pueden obtener de los demás lo que desean y por lo tanto, podrán aprender a ser manipuladores.

Hay que recordar una de las principales premisas de los límites: nunca la magnitud de una consecuencia es proporcional a la modificación de conducta que queremos conseguir

En una ocasión, hace ya algunos años, en una conferencia sobre el tema, un padre de familia se levantó y me preguntó si es un recurso que existe, que se utiliza, que puede llegar a ser efectivo pero que implica tanta afectación, ¿en qué situación pudiera ser justificada su utilización? Debo de confesar que me metió en aprietos. Después de pensar en la pregunta y tomando en cuenta que es un recurso con tantas implicaciones negativas, creo que en uno de los pocos momentos en los que se pudiera usar es en el caso de ofensas, insultos o agresiones hacia papá o mamá. Si en un momento determinado pudiera emplearse, insisto, no es por el recurso en sí mismo, sino por el aprendizaje que se puede obtener de su utilización. El niño tiene que aprender que no puede ir por la vida ofendiendo a los demás, sin que pase nada, no puede ir agrediendo o insultando a los demás, sobre todo a aquellos a los que quiere, sin que haya una implicación. Si en un momento determinado, él adopta estas conductas con las personas que están a su alrededor, tendrá una respuesta obvia de alejamiento y rechazo por parte de los demás. Es por esto que el recurso pudiera ser utilizado en estas circunstancias.

Sin embargo, a pesar de lo anteriormente expuesto, será necesario que seamos muy precavidos y prudentes a la hora de utilizarlo.

3. Tiempo fuera *(Time out)*

En un inicio, cuando comenzábamos con las estrategias de modificación de la conducta, aclaré que había cinco estrategias formales, pero que las dos primeras (consecuencia aversiva física y retiro del afecto) no eran recomendadas. Por lo tanto, lo más óptimo es que nos enfoquemos en las tres últimas a partir de ésta.

- Es un recurso eficiente. Erradica conductas inapropiadas en poco tiempo.
- No transgrede la integridad física, psicológica ni emocional de los niños.
- Le permite entender la relación causa/efecto. Refuerza la idea de que sus comportamientos inapropiados les generan consecuencias negativas y viceversa.
- Refuerza en lo niños mecanismos de autocontrol. Si el niño está en tiempo fuera alguno de los padres tendrá que evitar que el pequeño se mueva del lugar asignado y no hacerle caso. Por su parte, el niño en tiempo fuera podrá hacer cualquier otra cosa que no sea irse de su lugar y mostrar su agresividad.

- Permite que la relación con los hijos no se deteriore. Una vez cumplido el tiempo fuera, el niño podrá ir con sus padres para que lo abracen y le den muestras de cariño.
- Consiste en apartar temporalmente al niño de una situación en conflicto. Se trata de retirarlo a un espacio diferente (su cuarto, una silla, un rincón, una pared), en donde deberá permanecer hasta que nosotros indiquemos. No debe ser un sitio que implique encierro, miedo u oscuridad. No se recomienda que sea en covachas, baños o debajo de las escaleras. No tiene que permanecer alejado de donde están los padres.
- Se sugiere que no sea el cuarto del niño: porque está lleno de estímulos que lo distraen (juguetes) y porque no está bien que el niño duerma en el lugar donde se le aplicó una consecuencia negativa a su comportamiento, esto puede traerle dificultades a la hora de conciliar el sueño.
- Es un recurso muy útil, pero hay que tomar en cuenta que se desgasta sumamente rápido, por lo que es necesario manejarlo con cuidado y sólo para comportamientos muy particulares. Hay padres de familia que amenazan con dar tiempo fuera y hacen que también pierda eficacia. *Si sigues haciendo eso, te vas a ir a tiempo fuera. Ahora sí, si le vuelves a pegar a tu hermano, te vas al rincón para pensar. Deja de hacer eso porque te voy a mandar para tu silla, una, dos...* Y finalmente nunca llega el tres.
- El tiempo recomendado es un minuto por un año de vida. Si el niño tiene cuatro años, deberá permanecer cuatro minutos en tiempo fuera.

- El tiempo fuera es recomendable para niños de dos a ocho años. Sin embargo, de acuerdo a mi experiencia, puede ser utilizado en niños desde uno hasta trece años.

Es conveniente que los niños no sepan cuánto tiempo permanecerán en tiempo fuera. Esto me recuerda una anécdota. Uno de mis pacientes le dijo a su papá: *Papá, me voy a tiempo fuera por 8 minutos.* Y el padre respondió: *¿Por qué, si tú sabes que si le pegas a tu hermano, te vas a tu silla por cuatro minutos?* A lo que el niño respondió: *Ah, es que le voy a pegar dos veces.*

Una pregunta que frecuentemente me hacen es cómo contabilizar el tiempo si el niño se quita. ¿Deberá volverse a iniciar el conteo de los minutos cada vez que al niño se le regrese o será tiempo de corrido? La verdad es que realmente no importa. Quizá en las primeras ocasiones puedan hacerlo con el tiempo de corrido; es decir, que a pesar de que se quite y lo regreses, el tiempo sea contabilizado como originalmente se planteó. Esto permitirá trabajar en la autoridad y en el aprendizaje de la estrategia. No obstante, en ocasiones sucesivas podrás anticiparle a tu hijo que de quitarse nuevamente, el tiempo que permanecerá volverá a iniciarse. Esto podrá ser una forma de manejarle una especie de consecuencia adicional o de tener mayores elementos de control sobre de él para que logres que permanezca el tiempo indicado.

Otra pregunta que suelen hacer los papás es, ¿qué hacer cuando el tiempo concluye y él se encuentra llorando o haciendo berrinche? Si esta situación se presenta con tu hijo, lo que debes hacer es decirle:

"Tu tiempo ya acabó, pero hasta que te calmes te puedes quitar". Esto desde mi punto de vista, permite algo que a todas luces resulta muy importante: estamos promoviendo la estimulación de un elemento sumamente importante para los niños, los mecanismos de autocontrol.

Debe utilizarse para actitudes negativas o indeseables de los niños que queremos modificar o erradicar. Si de pronto lo que queremos combatir con nuestro hijo es el hecho de que sea agresivo con su hermano, cada vez que el niño muestre esta conducta, habrá que enviarlo a tiempo fuera.

4. Retiro de Privilegios

¿Tú hijo merece todo lo que ustedes le dan? No me refiero a cuestiones afectivas sino a lo material. ¿Merece Juguetes, películas, regalos, televisión, DVD, videojuegos, muñecos, bicicleta, patines, patineta, pelotas, videojuegos portátiles, celular, reproductor de música, dinero, Barbies, armables, inflables, máscaras, capas, espadas, disfraces? A esto me refiero, a todo lo que posee por el simple hecho de haber nacido en la familia que les tocó.

Sólo quiero que ustedes como padres se cuestionen esto, porque evidentemente no existe una respuesta correcta. Claro que su hijo merece lo que le dan, pero también creo que debería cubrir algunos requisitos mínimos. De eso se trata esta estrategia, de definir cuáles requisitos debería cumplir para acceder a todas las ventajas que puede tener contigo.

Si en un momento dado tú en tu trabajo eres responsable, llegas a tiempo, cumples con tus obligaciones y con tus funciones, eres amable, considerado con los demás, sabes acatar instrucciones, cumplir órdenes y seguir a un líder positivo; probablemente podrías tener ciertas consideraciones. Si tú cumples; tus jefes cumplen. Si tú das más de ti, te esfuerzas y te comprometes, es probable que recibas más o menos lo mismo a cambio. De eso se trata con tu hijo, que sepa aprovechar y disfrutar de lo que tiene. Veamos un ejemplo hipotético: hagamos una solicitud de empleo para tu hijo, piensa qué le vas a pedir, qué puede ofrecer, cuáles son sus capacidades.

Independientemente de la edad, los requisitos que podríamos pedirle a un niño o a un joven son:

- Cierto grado de obediencia. (Poderle decir que recoja sus juguetes y lo haga).
- Cierto grado de responsabilidad (Cumplir con sus tareas).
- Cierto grado de respeto (Tratar con consideración al otro).
- Cierto grado de capacidad de cooperación en casa. (Colocar los mantelitos individuales antes de desayunar, comer o cenar).
- Cierta consideración por los demás. (Si alguien de la casa duerme, que entren sin hacer ruido).

¿Esto es mucho pedirle a un niño o a un joven? Ahora bien, estoy en el entendido de que en este momento hice una descripción general de los requisitos mínimos que puedo pedirle a mi hijo para hacerse acreedor de todos los beneficios y privilegios que le otorgo. No obstante, existen alternativas de plantearlo de maneras diferentes, es decir, de manera específica. Y es relativamente sencillo hacerlo.

Sólo tendrían que remontarse a los pasos dos, tres, cuatro y cinco del apartado que se llama Pasos para establecer límites. Si recuerdan, tendrán una concreta lista de comportamiento, que identificaron que querían cambiar y que ahora se puede convertir en un parámetro para definir los requisitos mínimos que deberías pedir.

Poníamos como ejemplo las siguientes conductas que nos gustaría cambiar (las conductas se acomodaron en orden de importancia, por eso se verá los números así, en desorden).

6. No obedece cuando le pides que haga algo
10. Es agresivo con papá o con mamá
2. Le pega a su hermano o es abusivo con él
9. Se enoja por todo
3. Habla en un tono como si te ordenara o te contesta mal
7. Que sea contestón
5. Que en las mañanas sea un problema levantarlo o vestirlo o que desayune porque lloriquea
8. Que tire o aviente la comida
1. No quiere comer
4. Que acuse a papá con mamá o viceversa

SE SOLICITA

NIÑO O NIÑA DE LA EDAD DE MI HIJO

Requisitos:

· Que obedezca a sus padres cuando le piden algo.
· Que no sea agresivo con sus padres.
· Que no le pegue a su hermano y que no abuse de él.
· Que sea tolerante y que no se enoje por todo.
· Que cuando hable utilice un tono adecuado
y no conteste mal cuando se le habla.
· Que se levante por las mañanas, se vista y desayune
con una buena actitud.
· Que no tire o aviente la comida.
· Que coma bien.
· Que no intente contra puntear a sus padres.

Se ofrece:

Asistentes personales encargados de todos tus asuntos. Un lugar confortable donde vivir. Tener todas las necesidades cubiertas. Contar con mucho amor y disposición para ayudarle. Tres (o más) balanceadas y deliciosas comidas diarias. Asistencia personalizada las 24 horas del día los 365 días del año. Una habitación con todos los servicios gratuitos (dependiendo de la edad), incluyendo cama, sábanas, cobijas, servicio de lavandería, planchaduría, baño con servicio de hotel con agua caliente todos los días, luz, teléfono, televisión, dvd, ipod, consolas de video juegos con una colección privada de títulos y películas, juguetes, celular con tiempo aire, computadora con conexión a internet, ropa (más de la necesaria), dinero para diversión y esparcimiento, una cantidad mensual fija, dinero para colegiatura, consultas médicas, medicamentos, dulces y comida chatarra. Se incluye mamá y papá amorosos, recamarera, maestra, enfermera, cuidadora, lavandera, cocinera, auto con chofer a la puerta, y personal doméstico las 24 horas. Se ofrece incondicionalidad, lealtad y compromiso permanente en el trato.

INTERESADOS PRESENTARSE EN CASA

Este es un ejemplo hipotético, imagina lo que ofrecen ustedes como padres de familia, piensen en esto como si fuera una solicitud de empleo y vean todos los privilegios que su hijo tiene.

Este recurso consiste concretamente en retirar privilegios cuando algo no se cumple como se definió, se estableció o se desea. Esto es lo que comúnmente se conoce como castigarle cosas. Es importante que entendamos que quitar cosas puede ser en dos sentidos: quitarle algo que el niño ya tiene (películas, celular, juguete, balón, bici) y negarle la posibilidad de tener algo que desea (ir a la fiesta, al cine, al parque, hacer una pijamada).

> Quitar un privilegio significa tener una consecuencia ante un comportamiento inapropiado. Es decir, el niño no hizo lo suficiente como para tener el beneficio de contar con todo lo que ya posee. En la medida que el pequeño cumpla, sus padres cumplirán, y así se irá haciendo responsable.

Será necesario que jerarquicen cuáles son esos privilegios y que los acomoden en orden de importancia. Es importante que a la hora de marcar o identificar los privilegios, traten de hacerlo de manera específica, ya que de lo contrario pueden surgir confusiones.

Pongamos ejemplos. Para un niño de 4 años. Así quedaría su lista de privilegios:

- Sus películas, pero principalmente la última de Disney
- La televisión en general, pero su programa favorito en lo particular
- Los videojuegos
- Salir a jugar
- Ir a McDonals
- La cajita feliz de la misma hamburguesería
- Ir al parque
- Su bicicleta
- Sus muñecos de Spiderman
- Bloques de construcción

En el caso de un joven adolescente, podría ser algo como esto:

- Su celular
- La computadora
- Internet (Chat, Facebook, Hi5, Twiter)
- Televisión
- Ipod
- Permisos
- Salidas
- Mesada (Domingo, quincena o mes)
- Invitar amigos o ser invitado
- Comprarle cosas (DVD, discos, ropa)

La pregunta obligada sería si en un momento dado su hijo hace algo inapropiado o deja de hacer algo deseable. ¿Qué privilegio quitarían? El uno, el dos, el tres o ¿cuál? La mayoría de las personas responde que quitaría el privilegio número uno y esto es un error. De aquí se derivan los puntos que hay que considerar para el retiro de privilegios.

El retiro de privilegios tiene características particulares que proyectan un mayor éxito o que definen una probabilidad de fracaso.

Características del retiro de privilegios

No es recomendable que cuando el niño o joven presente un comportamiento inapropiado, se le retire el primer privilegio. En caso de que no funcione esta estrategia, habrá muy pocas probabilidades de que sirva con algo menos doloroso.

Por otro lado, el retiro de privilegios debe hacerse de manera intermitente; es decir, se quita pero se devuelve. Vedarlo y restituirlo es la única forma de mantener el interés del niño sobre el objeto retirado; de lo contrario, el niño perderá el deseo de poseer eso que se le quita. Aun en el caso de niños adictos a la televisión, si le prohíben verla por un período demasiado largo perderá el interés y, por consiguiente, el efecto de su consecuencia no tendrá una implicación negativa, pues ya no le importará.

Recuerda que no por usar consecuencias negativas más severas, los niños modificarán su conducta.

No es la magnitud de la severidad de la consecuencia lo que cambia su actitud, sino la consistencia en la consecuencia. La estrategia es: aplicar siempre pequeñas consecuencias.

- Cuando se recurra a quitar un privilegio, siempre que sea posible, se deberá retirar el objeto.
- Por increíble que parezca, hay niños y adolescentes que simulan que ya no les interesa algo cuando en realidad sí.

5. El reforzamiento positivo

Las cuatro estrategias anteriores están centradas en la corrección de conductas, son métodos que logran el centro de atención en lo incorrecto y que buscan corregirlo. El reforzamiento positivo pretende hacer lo contrario. Busca centrarnos en los comportamientos adecuados y reforzarlos. Busca que, hasta cierto punto, lo inapropiado deje de ser importante.

- Consiste en modificar la atención negativa en atención positiva.
- Pretende que, en un momento dado, la conducta inapropiada deje de ser importante.
- Antes se procedía de la siguiente manera: conducta inapropiada + atención negativa + carga emocional = reforzamiento indirecto de la conducta inapropiada.
- Ahora se trata de: conducta inapropiada + consecuencia negativa = cambio de comportamiento.

- Se trata de retirarle la atención y la carga afectiva al comportamiento indeseable, además de haber pensado ya en una consecuencia negativa.
- El reforzamiento positivo consiste en centrar nuestra atención sobre los comportamientos correctos y de esta manera estimularlos.

Como ya se dijo, de lo que se trata es de modificar la carga emocional negativa por carga emocional positiva. ¿Cómo se logra compensar la una con la otra?, ¿cómo conseguiremos que un efecto regularmente menor, bloquee y compense lo que otro de efecto mayor suele hacer?

Esto realmente es difícil, pero no imposible. Lo que tenemos que hacer es intentar compensar con pequeñas cargas afectivas permanentes, los intensos efectos que se generan con la atención negativa. Es, como mencioné anteriormente, hacer lo contrario de lo que comúnmente hacemos. Es volcarnos sobre lo deseable y darle menos atención y carga emocional a lo negativo. Es educar en el sentido contrario al que estamos acostumbrados. Casi siempre educamos intentando corregir los comportamientos indeseables y poca importancia solemos otorgarle a los comportamientos deseables.

No corrijo lo malo, sino que estimulo el buen comportamiento. Éste es el fin último del reforzamiento positivo.

Existen cuatro tipos de reforzamiento positivo, a continuación veremos cada uno de ellos:

5.1 Reforzamiento afectivo

Este reforzamiento se refiere a cualquier estímulo que tenga un contenido emocional, psicológico y afectivo que el niño o joven reciba por lo acertado o deseable de su comportamiento.

Implica la utilización a frases como: *¡Muy bien!*; *¡me siento muy orgulloso de ti!*

Demostrarle amor con abrazos, cariños, palmadas, pasar la mano por su cabello, sonreírle, gestos de aprobación y aceptación.

Se tendrá que disminuir considerablemente la carga afectiva negativa.

Al comportamiento apropiado, habrá que brindarle pequeñas cargas afectivas y atención positiva.

Esta nueva manera de abordar el conflicto será más agradable, por el simple hecho de que por medio de esta estrategia, el niño Sí obtendrá cosas a cambio. De otra manera, No.

Ahora bien, imaginemos que de pronto tú eres un empleado. Tienes un jefe que todo el tiempo te halaga y repite lo maravilloso que es tu desempeño laboral. No sólo comenta esto contigo, también lo hace con tus compañeros de oficina. Así lleva aproximadamente tres años, en los cuales no haz recibido ningún aumento de sueldo o una compensación económica. ¿Cómo te sentirías?, ¿cuánto tiempo aguantarías? Bueno, pues de aquí se deriva el siguiente reforzamiento.

5.2 Reforzamiento material

Se refiere a una compensación económica, un bien material, un juguete o regalo que el niño va a obtener por haber alcanzado sus logros y por el comportamiento deseable.

- Se da de manera intermitente e irregular.
- Es necesario evitar que el niño se acostumbre a recibir esta clase de incentivos, porque después se convertirá en una exigencia para los padres.

5.3 Reforzamiento indirecto

Los niños van poco a poco respondiendo a las etiquetas que les ponemos. Es por esto que cuando remarcamos lo malo que hacen y lo malos que son, estamos fijando esas conductas en ellos. Por el contrario, cuando hablamos bien de ellos, cuando remarcamos lo bueno que hacen y lo buenos que son, también estamos reforzando esos comportamientos.

- Es hablar indirecta, intencional sobre lo bien que se porta el niño, delante de ellos.
- Muchas veces cuando el papá llega a casa, la mamá le tiene un pliego de todas las cosas que hizo mal el niño. Ese pergamino es un archivo de quejas y del mal comportamiento. Cuando nuestro hijo escucha esto, se refuerza su mala conducta.
- Se deberá hablar de los logros del niño para que él se sienta orgulloso de lo que ha hecho. Si no hay

personas que compartan el interés por el pequeño, los padres pueden fingir que llaman a alguien y le cuentan lo bien que se sienten porque el pequeño ha mejorado su conducta.

Al respecto, quiero compartir una anécdota familiar. Mi hijo, Juan Sebastián, a los cinco años pidió de regalo un despertador. Por las noches, él sacaba su uniforme y acomodaba sus cosas para el día siguiente. Cuando sonaba su despertador, el niño se levantaba, se vestía, tendía su cama, recogía su ropa, se lavaba la cara, se servía leche con cereal y cuando terminaba de hacer todo eso, me despertaba para que lo llevara a la escuela. En lo que me cambiaba de ropa, él se lavaba los dientes, se peinaba y me esperaba sentado en el automóvil. Eso lo hacía prácticamente todos los días, y cuando comentaba esto en reuniones de familiares y amigos, lo felicitaban, hacían comentarios halagadores y reconocían que era una verdadera hazaña que mi hijo pudiera cumplir con esas obligaciones a la edad de cinco años. Una ocasión estábamos en casa de sus padrinos, cuando mi hijo se me acercó y me dijo en voz baja: *Papá, platícales lo que hago todas las noches y lo que hago en las mañanas.* En ese momento caí en cuenta. Mi hijo se sentía complacido cada vez que habla bien de él y, en cierta forma, su buena conducta se reforzaba.

Por ejemplo, si tu hijo recogió un juegue que utilizó por la tarde, hay que estimular ese comportamiento. Si el niño recogió un carrito y dejó tirados 19, habrá que enfocarnos en el que sí alzó. Y contar entre familiares y amigos que sí pudo recoger su juguete.

Así se sentirá estimulado y en otra ocasión repetirá su conducta deseada y juntará más hasta que un día pueda levantarlos todos.

5.4 Registro conductual

Consiste en realizar y llevar a cabo un registro específico de las conductas que se quieren lograr:

- Resulta ser un buen recurso, pero se desgasta rápido. Por lo tanto, no es recomendable usarlo para demasiadas cosas ni por tiempos largos.
- No se debe usar para más de tres cambios de comportamiento en el niño.
- Como en otros casos, las conductas a modificar deberán definirse por anticipado y anotarlas en el registro.
- No debe ser manejado en mucho tiempo, de preferencia tres semanas como límite. De lo contrario será cansado tanto para el niño como para los padres.
- Consiste en llevar un registro específico de las conductas. Se necesita un cartel en donde se anotarán los comportamientos que se desean reforzar.
- Sirve para fomentar comportamientos que el niño ya puede realizar, pero que por alguna circunstancia no los ha llevado a cabo. Por ejemplo, para dejar el pañal, para que duerma toda la noche en su cama, para que no pida leche en la noche, para que no haga berrinche al despertar antes de ir al kinder o para que deje de golpear a su hermano.

- Será necesario que el comportamiento que se desea modificar, esté escrito en positivo. Por ejemplo, las frases correctas serían: Avisa para ir al baño, se quedó toda la noche en su cuarto, durmió de corrido toda la noche, estuvo bien con su hermano, obedeció a mamá y a papá.
- Hay que evitar el lado negativo del comportamiento, de lo contrario se reforzará lo que se desea eliminar. Ejemplo: no avisó para ir al baño, no se quedó en su cama toda la noche, no obedeció a papá y a mamá.

Retomando la estrategia como tal, decía que lo conducente es realizar un cartel. En la primera columna deberás anotar las conductas que quieres reforzar. En las demás columnas pondrás los días de la semana. Lo recomendable es ir con tu hijo a la papelería para que elija unos sellos, estrellas o estampas a su gusto, y cada vez que logre la conducta señalada, con bombo y platillo se coloque una marca en el día que corresponda. Se trata de que, adicionalmente a la carga emocional positiva que depositarás, también tendrá algún tipo de acuerdo o negociación con él: en caso de que consiga un cierto número de sellos o marcas, podrá acceder al algún premio o privilegio. Por ejemplo, si en siete días de la semana, consigue en cuatro ocasiones (dos o tres, dependiendo de lo difícil que pueda ser para él y lo arraigado de su conducta) podrá acceder a alguna recompensa por su esfuerzo.

Por supuesto que la recomendación es que la consecuencia que obtendrá, sea un reforzamiento afectivo: ir al parque, podremos jugar futbol el fin de semana, jugaremos los videojuegos que quieras. No obstante, también se vale que acceda a un reforzamiento material, es decir, que puedas comprarle algo o regalarle algo. Quizá el premio consista en ir al parque y comprarle un globo, si esto es algo que le llame la atención y le motiva.

Y si no lo hace o no lo logra, no dices nada, no regañas y tampoco llamas la atención. Simplemente no marcas el logro, no señalas que sí lo consiguió: si se hizo pipí, no pasa nada, sólo no marcas ese día; si se peleó con la hermana, no pasa nada, sólo no marcas ese día. Esto es todo.

Es importante mencionar que si tu hijo presenta una conducta negativa o indeseable que sea demasiado recurrente, no te servirá ponerlo por día, pues será muy difícil que lo logre por día. Quizá en este caso, debes dividir por medios días. Mañana, tarde e incluso noche. Esto para que un momento determinado tenga la posibilidad de acceder al sello, pues de lo contrario no podrá ver los frutos de sus cambios o de sus esfuerzos.

A continuación proporciono un ejemplo de un registro conductual:

	L	M	M	J	V	S	D	
Avisó para ir al baño	✓	✗	✓	✓	✗	✗	✓	4
Toda la noche se quedó en su cuarto	✓	✓	✗	✗	✓	✓	✓	5

Ejemplo dividido en mañana y tarde...

	L	M	M	J	V	S	D	
Avisó para ir al baño (mañana)	✓	✗	✓	✓	✗	✗	✓	4
Avisó para ir al baño (tarde)	✓	✓	✓	✗	✗	✓	✓	5
Toda la noche se quedó en su cuarto	✓	✓	✗	✗	✓	✓	✓	5

B. El pasaporte

Al inicio de este apartado se mencionó que había siete estrategias de modificación de la conducta, de ellas cinco son formales y dos informales. En éstas últimas está Educar moviéndote y El pasaporte.

Como su nombre lo dice, consiste en pedir que cumpla una condición para acceder a otra condición, en pedir que se realice algo para poder hacer otra acción. Por ejemplo: Puedes comer un dulce, si comiste bien, si no, no. El pasaporte para ver la televisión un rato por la tarde, es haber hecho la tarea en tiempo y forma (bien y en un tiempo razonable). El pasaporte para ver videojuegos es haberte metido a bañar a la hora establecida, de lo contrario, no hay videojuegos.

• El pasaporte significa cumplir con una condición para acceder a algo. Sé que tiene cierto parecido con el retiro de privilegios, pero aquí la diferencia es que no se va a retirar o aislar temporalmente algún juguete.

- Con esta estrategia de cumples y cumplo, permitirá que los padres ya no se desgasten tanto dando instrucciones. Se cambian las palabras por los hechos.
- Evidentemente también ayuda a los mismos asuntos que Educar moviéndote: permite trabajar en la autoridad y en la credibilidad.
- Podrás cerciorarte de que se cumpla lo que estás diciendo, lo cual refuerza uno de los principios básicos de los límites.
- El pasaporte permite lograr poco a poco lo que te propones cambiar.

Por supuesto, en este caso, también puede y debe ir acompañado de cualquiera de las estrategias formales que se mencionaron. No está peleado con ninguna.

Tercera llamada... Comenzamos

Una vez que se tiene claro a dónde se quiere llegar en cuestión de límites, será necesario tomar en cuenta una serie de consideraciones:

- Es importante que los padres tengan claro lo que se permitirá y lo que no, y luego tendrán que indicárselo a sus hijos.
- Resulta esencial que los padres estén seguros de qué consecuencia se va a manejar. Una vez convenida, lo que procede es hacérselo saber al niño. Y

así estarán ubicados en lo que denomino *el bande-razo de salida.*

- Conviene recordar la definición de límites: consis-te en establecer de manera clara, consciente y, por anticipado, las conductas, comportamientos o ac-titudes que serán o no admitidos.

- ¿Cómo le digo a mi hijo que las cosas van a cam-biar a partir de ahora? Es una pregunta que me hacen mucho los padres de familia. Recomiendo que busquen una situación lo más extraña posible, protocolaria. Por ejemplo, inviten a cenar a su hijo, algo que resulte extraño para él. Le dicen que se arregle con su mejor ropa, porque irá con ustedes y hablarán de un asunto importante. Aquí lo que se busca es crear expectativa, no importa que el niño sea pequeño. Es importante que el niño sepa que va a pasar algo, pero no sabe qué es.

- Una vez que ya están en la cita, deberán ser claros en la meta a la cual quieren llegar. Podrían iniciar diciendo que lo quieren mucho, que es están orgu-llosos de que sea su hijo, pero que precisamente porque lo quieren tanto y porque es lo más impor-tante para ustedes, quieren que algunas situacio-nes cambien. Deben reconocer que ante él han perdido la paciencia y que no es bueno demostrar así su enojo, y que ya no quieren que haya gritos ni peleas en casa.

- A partir de ese momento, será necesario decirle al niño lo que las consecuencias que tendrán su mal comportamiento. Tendrá que ser algo así: cada vez que hagas esto... pasará esto... cada vez que te portes así... ocurrirá esto....

- Será necesario que sólo se mencionen los comportamientos que más les interesa modificar. Recuerden que ya hicieron una lista de las situaciones más difíciles y que iban a elegir las más importantes.
- Para que tengas más claro lo que quieren plantear, pueden regresar a revisar los puntos dos, tres, cuatro, cinco y seis que corresponden a los "Pasos a seguir para establecer límites".
- ¿Crees que tu hijo te entenderá? Lo más seguro es que sí. Pero en caso de que no, estoy seguro de que lo hará cuando comience a vivir lo que han planteado.
- La clave para que este programa funcione es que deben sean claros y consistentes en el momento de poner límites. Se tendrán mejores resultados si actúan de esa manera, de nada sirve marcar límites a veces sí y otras no.
- Es esencial no perder de vista que los niños reciben lo que les damos. Si les otorgamos certeza, claridad, límites, reglas, estructura, autoridad, consecuencias y un manejo consistente, eso es lo que te recibirán.
- Puede parecerles contradictorio, pero creo que los límites fueron hechos para romperse *ocasionalmente*. De hecho, romper un límite puede convertirse en uno de mejores reforzadores positivos al consentir algo que tradicional o comúnmente no permites. Por ejemplo, que un viernes o un sábado permitas que tu hijo se duerma en tu cama. O si la regla es que no se puede brincar en las camas, un día dejar que lo haga jugando contigo y tú supervisándolo, no lo veo tan grave. Los niños no son

tontos y pueden aprender que el hecho de que *ocasionalmente* se rompa un límite, no significará que pueden hacerlo siempre o que podrán hacer permanentemente lo que quieran.

- Sólo resta desearles buena suerte y que lleguen a la meta que se han propuesto.

Palabras clave para establecer límites

Amor. Uno de los grandes fundamentos de la educación hacia nuestros hijos es el amor. El amor que sentimos por ellos es el que nos impulsa a hacer lo mejor por ellos. Educa con amor. Piensa cuántas veces pierdes el control y te desesperas con las personas que dices que más quieres y que son lo más importante para ti. Los límites y el amor no están peleados. Muchos realmente piensan que si ponen límites es como si no quisieran demasiado o lo suficiente a sus hijos. Muchos piensan que permitirle a los hijos hacer lo que se les venga en gana, ser laxos con la disciplina y permisivos en la educación es quererlos más. Ese amor es, o por lo menos debiera ser, la gran razón para establecer límites y reglas en casa.

Claridad. Los niños y jóvenes deben saber qué se espera y qué no se espera de ellos. No obstante, será imprescindible que primero los papás lo tengan claro. Recuerda que la transmisión de los límites es como una cascada. Si de ti emana agua limpia, pura y cristalina, a tus hijos les llegará agua limpia, pura y cristalina. Si de ti emana agua sucia, turbia y revuelta, a tus hijos les llegará agua sucia, turbia y revuelta.

Consistencia. Una de las claves fundamentales de los límites es la consistencia. Quizá puedes pensar que es la parte más desgastante. La consistencia significa poner límites siempre, no a veces sí y a veces no. Los límites no deberían depender del nuestro estado de ánimo de nosotros ni de nuestros hijos. En algunas ocasiones tenemos dificultades para establecerlos y dejamos pasar cosas porque estamos de buenas, porque estamos tolerantes. En otras, permitimos y los dejamos hacer otras, porque estamos de malas y podríamos arremeter contra ellos si estamos enojados. No se debería de tratar ni de una ni de otra. Una vez que está definido lo que se va a permitir y lo que no, debemos de encargarnos de que así sea.

Firmeza. Es acaso uno de los conceptos más complicados y ambiguos relacionados con el establecimiento de límites. No es sinónimo de agresión y violencia. Remite a actuar con energía, de manera específica y hasta un poco categórica.

Paciencia. Debes recordar que nosotros, papás, no estamos exentos de la cultura de la inmediatez. Nosotros también queremos resultados inmediatos, queremos que nuestros hijos cambien como por arte de magia, pensamos muchas veces que son ellos los que tienen que hacer cambios y modificaciones en su conducta, aunque nosotros sigamos haciendo lo mismo que venimos realizando de manera inapropiada. Los niños aprenden poco a poco y entienden más con hechos. Es adecuado explicar, intentar que comprendan las cosas y que actúen más por convencimiento que por imposición; sin embargo, el razonamiento deberá ir acompañado de límites claros y consistentes, así como de firmeza y consecuencias específicas.

Tranquilidad. Una de las cuestiones más difíciles de llevar a cabo cuando de límites se trata, es justamente la tranquilidad. Recuerda que uno de los más importantes reforzadores de la conducta inapropiada es la atención y la carga afectiva negativa. Muchas veces creemos que al vernos enojados, ellos modificarán su comportamiento. Ya ha quedado claro que no es así. Mientras más pierdas la paciencia, mientras más te enojes y desquicies, estarás reforzando las actitudes que no quieres. Los límites tendrán que ser puestos desde la tranquilidad y la ausencia de cargas emocionales intensas y negativas.

EPÍLOGO

Ya no es válido decir que nadie nace sabiendo cómo ser padre. Ante tanta cantidad de información que hay al respecto, no resulta válido utilizar ese pretexto.

Como padres nuestra meta es lograr que nuestros niños sean responsables, que crezcan felices y tengan las bases para convertirse en hombres y mujeres independientes.

Para establecer límites y reglas en casa, será conveniente recodar que:

- Es necesario hacer una revisión periódica de este programa, con el propósito de hacer ajustes.
- No debe ser un programa estático ni rígido.
- Sólo sirve si se lleva a cabo.
- Establecer límites y reglas no está peleado con el amor a los hijos.
- Quieran mucho a sus niños y adolescentes, de ustedes dependerá que les brinden las bases necesarias para enfrentarse a la vida.

Límites y berrinches de Juan Pablo Arredondo
se terminó de imprimir en agosto de 2014
en Programas Educativos, S. A. de C. V.
Calzada Chabacano 65 A, Asturias DF-06850 (México)